Geheime Welten

Reinkarnation

P. MICHEL • A. WAGNER

Geheime Welten

Reinkarnation

tosa

Texte von P. Michel / A. Wagner
Umschlag von Kraxenberger KommunikationsHaus GmbH

Druck: Ueberreuter Print

Inhalt

Vorwort 11
Kapitel 1: Die Reinkarnationslehre in den großen Weltreligionen 13
Hinduismus 14, Buddhismus 15, Judentum 17, Christentum 20, Islam 22
Kapitel 2: Die Reinkarnationslehre in der Philosophie ...23
Die frühen Griechen 24, *Platon 25, Plotin 25,* Die Renaissance 27, Die Klassik 27,
Kapitel 3: Freiheit oder Bestimmung 30
Der Ursprung 31, Karma ist nicht Fatum 31, Freiheit zur Veränderung 32
Kapitel 4: Reinkarnation und Evolution 34
Weltennächte und Weltentage 35, Vom Stein zum Engel 35, Der ständige Aufstieg 36, Vom Neandertaler zu Albert Einstein 37, Evolutionserinnerungen 39, Sind viele Leben besser als eines? 40, Die große Verheißung 41,
Kapitel 5: Von der Erde zum Himmel – vom Himmel zur Erde 42
Der Tod 43, Das Jenseits 43, Ein Wanderer durch den Sternkreis 45, Der Prozeß der Wiederverkörperung 45, Die Empfängnis 46
Kapitel 6: Wer war er? Berühmte Reinkarnationsfälle 48
Das Auserwähltheitssyndrom 49, Die „Karma-Betrachtungen" von Rudolf Steiner 50, Die Karma-Studien von Flower A. Newhouse 51, Wer war er? 52, John Lennon 53
Kapitel 7: Geschlechtswechsel 55
Allgemeine Bemerkungen 56, Rückführungsexperimente 56, Einmal Frau, immer Frau? 57, Einmal Mann, immer Mann? 57, Die moderne Reinkarnationsforschung 59, Die Forschungen von Thorwald Dethlefsen 59
Kapitel 8: Rückerinnerungen 61
Allgemeine Bemerkungen 62, Reif sein für die Verant-

wortung 63, Das Phänomen der Rückerinnerung 65, Der Fall Jane Evans 66, Der kleine Tibeter 67, Die Fälle des Edgar Cayce 67, Überkreuzerinnerungen 68, Die reinkarnierten Zwillinge 70, Der Fall Achmed 71, Xenoglossie 72, Die kleine Blanche 73, Ausblick 74

Kapitel 9: Hat die Vererbungslehre recht? 76
Eltern und Kinder 77, Die Evolutionstheorie 78, Das Genie 79

Kapitel 10: Warum leidet der Mensch? 80
Die Überwindung des Bösen 81, Wird mann für seine Sünden bestraft? 81, Muß Leiden sein? 82, Die Weisheit des Weltgeistes 83, Karma und Liebe 85, Krankheit und Karma 86, Stellvertretendes Leiden 87, Der Sinn des Leidens 88

Kapitel 11: Keine Mühe ist verloren 89
Gutes Karma 90, Begabungen 91, Gleiches zieht Gleiches an 92, Was du säst, das wirst du ernten 92, Talent ist Verpflichtung 94

Kapitel 12: Die Ethik der Reinkarnationslehre 95
Die große Einheit 96, Zukünftige Reinkarnationen 97, Moral 98, Reinkarnation und die Religion 99, Das Gesetz der Tat 100, Karma und Gewaltlosigkeit 101

Kapitel 13: Die Reinkarnationslehre und ihre gesellschaftliche Bedeutung 104
Ein Ausblick 105, Ökologie 105, Humanes Sterben 106, Abtreibung 106, Krieg 106, Tierversuche 107, Menschliche Werte 107, Sinnfindung 107, Erziehung 108, Medien 108, Religion 108

Kapitel 14: Die Einwände der Kirchen 109
Reinkarnation als Evolution 110, Die ewige Verdammnis 110, Reinkarnation und Freiheit 112, Karma und Gnade 113, Wann endet das Karma? 114,

Kapitel 15: Die Reinkarnationsbeweise des Ian Stevenson 116
Grundlegendes 117, Der Fall Alan Gamble 118, Der Fall Necip Ünlütaskiran 120, Der Fall H. A. Wijeratne 121, Der Fall B. B. Saxena 122, Der Fall Indika Ishwara 123, Die Psychophore 125, Schlußgedanken 127

Vorwort

Seit jenen Urzeiten, in denen erstmals Menschen den Fuß auf die Erde setzten, befaßten diese sich mit den großen Fragen des Lebens. Woher kommt der Mensch? Wohin geht der Mensch? Wie soll er sein Leben gestalten?
Diese Fragen sind so alt wie die Menschheit, und sie werden Bestand haben, solange die Erde Leben trägt.
Um Antworten auf diese drei großen Fragen zu finden, haben Menschen immer wieder die größten Anstrengungen unternommen – und sind zu den unterschiedlichsten Ergebnissen gekommen. Meistens wurden die Ergebnisse laut in den Gassen und auf den Plätzen verkündet, auch wenn die Erkenntnisse eigentlich gar keinen Anlaß dazu geboten hätten. Manchmal wurden die Ergebnisse mit Macht durchgesetzt, auch wenn sie gar nicht auf Erkenntnissen beruhten. Dieses Vorgehen hat sich praktisch nie als segensreich erwiesen. Manchmal fanden einige wenige Menschen, die häufig sehr bescheiden und zurückgezogen lebten, wirklich zur Erkenntnis der Wahrheit. Da diese wenigen

Wissenden gute Beobachter waren, erkannten sie in vielen Fällen, daß ihre Mitmenschen wenig Verständnis für ihre neuen Einsichten aufgebracht hätten. Aus diesem Grund beschlossen sie, ihr Wissen für sich zu behalten oder es nur wenigen mitzuteilen.

Ein ähnliches Schicksal widerfuhr dem Wissen über die wiederholten Erdenleben – der Reinkarnationslehre. Seit Jahrtausenden in den Werken der größten Mystiker und Weisen zu finden, blieb sie weiten Kreisen jedoch bis zum Anfang des 20. Jahrhunderts fremd. Dann jedoch begann der unaufhaltsame Siegeszug der Reinkarnationsidee. Heute glaubt praktisch jeder dritte Europäer oder Amerikaner, er habe schon früher einmal oder mehrmals gelebt.

Woher kommt die Reinkarnationslehre? Was besagt sie im einzelnen, und welche Bedeutung hat sie für das menschliche Leben?

KAPITEL 1

Die Reinkarnationslehre in den großen Weltreligionen

Hinduismus

Das indische Denken und die Religiosität der Menschen des indischen Subkontinents ließe sich nicht verstehen, ohne die Reinkarnationslehre entscheidend zu berücksichtigen. Sie findet sich in allen Bevölkerungsschichten, wenngleich ihre Details durchaus unterschiedlich sind, was auch mit dem Bildungsstand der jeweiligen Gläubigen zu tun hat. Die Grundüberzeugung des Inders, von der Frühzeit bis in die Gegenwart, ist das Bewußtsein von einer gerechten Weltordnung, in der der einzelne Mensch jenes Schicksal zugeteilt bekommt, was ihm aufgrund seiner Lebensführung in der Vergangenheit zusteht. Der Hindu wie auch der Buddhist hat dafür den Ausdruck „Karma" geprägt. Wollte man es biblisch übersetzen, so könnte man sagen: „Ihr werdet ernten, was ihr gesät habt!"

Schon in einer der ältesten indischen Quellen, im Rig-Veda, findet man das Bekenntnis zur Reinkarnation: „Das unsterbliche Selbst wird wiedergeboren in einem neuen Körper, entsprechend der Verdienste seiner Taten." (Rig-Veda I,164,30 und 38)

Auch in den frühen Upanishaden, religiös-philosophischen Werken, die große Bedeutung für die indische Mystik erlangen sollten, taucht immer wieder die Reinkarnationslehre auf. So heißt es in

dem klassischen Werk der Brihadaranyaka-Upanishad: „Je nachdem er das Werk tut, danach ergeht es ihm.“
Auch der größte Klassiker der indischen Weisheitsliteratur, die Bhagavad Gita, legt ein klares Bekenntnis zur Reinkarnation ab: „Der Yogi aber, der, von allen Sünden gereinigt, in vielen Lebensläufen sich vollendend, mit Eifer strebt, erreicht sodann das höchste Ziel.“ (II,27) Hier wird in einem Satz die Essenz der indischen Philosophie zusammengefaßt. Die menschliche Seele, das Selbst, befindet sich in einem Körper, um zu reifen. Wenn sie nach vielen Erdenleben den Reifeprozeß abgeschlossen hat, kann sie als befreites, erleuchtetes Wesen in eine lichte Welt eintreten.

Buddhismus

Der hinduistische und der buddhistische Ansatz zur Reinkarnationslehre weisen viele Ähnlichkeiten auf. Auch die Buddhisten glauben an eine gerechte Weltordnung, an die wiederholten Erdenleben und an das Karma. Während die Hindus jedoch den Gedanken des Selbst in den Vordergrund stellen, das sich wiederverkörpert, betonen die Buddhisten mehr die Veränderlichkeit allen Lebens und betonen in ihrer Reinkarnationslehre eher den Gedanken des „immer

weiter" anstatt des „immer wieder". Schon in den Lehrreden des Buddha kommt unmißverständlich die Reinkarnationslehre zum Ausdruck:
Srimalasimhanada fragte den Buddha: „Wie kommt es, daß eine Frau sowohl häßlich als auch arm ist? Wie kommt es, daß andere häßlich, aber reich sind? Wie kommt es, daß eine Frau schön, aber arm ist? Wie kommt es, daß wiederum eine andere Frau sowohl schön als auch reich ist?"
Der Buddha antwortete: „Eine Frau, die in früheren Leben aufbrausend und jähzornig war, und außerdem noch sehr geizig und nicht bereit war, Mönche und andere Menschen finanziell zu unterstützen, wird in ihrem jetzigen Leben sowohl häßlich als auch arm sein.
War aber eine Frau in einem früheren Leben aufbrausend und jähzornig, aber großzügig und bereit, Mönche und andere Menschen finanziell zu unterstützen, so wird sie in ihrem jetzigen Leben häßlich, aber reich sein.
Eine Frau, die früher friedlich und sanft war, aber von Natur aus geizig und nicht bereit zu geben, die wird in ihrem jetzigen Leben schön, aber arm sein. Eine Frau, die in einem früheren Leben friedlich und sanft war und außerdem bereit, ihren Besitz zu teilen, wird in ihrem jetzigen Leben mit Schönheit und Reichtum gesegnet sein."
Diese Darlegungen des Buddha gehören zu den klassischen Ausführungen der buddhistischen

Reinkarnationslehre. Sie lassen sich natürlich auf Männer und Frauen und auf alle Lebens- bereiche und menschliche Eigenschaften anwenden.
Dem Buddhismus wird von nicht sachkundigen Autoren des Westens häufig vorgeworfen, das Endziel seines viele Leben währenden Reifeprozesses wäre der Eintritt ins Nirwana, in dem sich alles in nichts auflösen würde. Diese oder ähnliche Aussagen stellen eine völlige Verkennung der buddhistischen Lehre dar. Der XIV. Dalai Lama sah sich daher immer wieder aufgerufen, die irrigen Vorstellungen über „Nirwana" zu korrigieren. „Wenn sich die Kontinuität von Geist und Form auflösen würde, während Nirwana verwirklicht wird, dann gäbe es niemanden, der Nirwana verwirklicht." Auch im Buddhismus wird eine *individuelle Unsterblichkeit* angenommen!

Judentum

Das Judentum mißt der Reinkarnationslehre bei weitem nicht jene große Bedeutung zu, wie dies im Buddhismus und Hinduismus der Fall ist. Ein entscheidender Grund dafür dürfte sein, daß das Judentum in seiner fast sechs Jahrtausende währenden Geschichte immer eine stark am Diesseits ausgerichtete Religion war. Die jenseitigen Welten waren für den orthodoxen Juden nichts, über das er sich übermäßig den Kopf zerbricht. Bezeichnend dafür ist die bekannte Stelle des Alten Testaments (Hiob 14,14), als Hiob auf die Frage: „Wenn einer stirbt, lebt er dann wieder auf?" keine Antwort erhielt. Trotzdem lassen sich auch im Alten Testament Schriftstellen finden, die eine jüdische Reinkarnationslehre zumindest für denkbar erscheinen lassen. In „Weisheit 8,19,20" heißt es: „Ich war ein begabtes Kind und hatte eine gute Seele erhalten, oder vielmehr: gut, wie ich war, kam ich in einen unverdorbenen Leib."

Die Ursprünge der jüdischen Reinkarnationslehre lassen sich nur schwer ausmachen; sie muß aber zur Zeit des Jesus von Nazareth durchaus in weiteren Kreisen verbreitet gewesen sein, wofür auch die Fragen der Jünger Jesu (Joh. 1,19–21 und Matth. 16,13–16) Zeugnis ablegen. Im 8. Jahrhundert kam es zwischen den Rabbaniten und den Quaräern zu einer Glaubensspaltung, bei der auch die Reinkarnationslehre eine wichtige Rolle spielte.

Im Mittelalter spielt dann eine alte kabbalistische Schrift eine große Rolle, das „Buch Bahir". Dort hatten sich die jüdischen Mystiker (die Kabbalisten) eindeutig zur Wiedergeburt bekannt. In den folgenden Jahrhunderten taucht dann die Reinkarnationslehre unter dem Begriff „gilgul" immer wieder im esoterischen Judentum auf. Speziell in der Tradition der „Chassidim", den

mystischen Juden Osteuropas, spielt der Reinkarnationsglaube eine wichtige Rolle. So lehrte etwa der große Rabbi Isaak Luria seine Schüler: „Jeder Mensch trägt die geheimen Spuren der Wanderung seiner Seele in den Lineamen-ten seiner Stirn und seiner Hand mit sich, sowie in der Aura, die von seinem Körper ausstrahlt."
Der große Historiker des Ostjudentums, Martin Buber, setzte dieser einzigartigen Weisheitstradition des jüdischen Volkes ein zeitloses literarisches Dokument in seinen „Erzählungen der Chassidim". Dort läßt er auch Rabbi Jakob Jizchak von Lublin zu Wort kommen, der von seiner Gemeinde nur „Der Seher" genannt wurde. „Wenn er (der Seher) jemandem auf die Stirn sah oder jemandes Bittzettel las, sah er bis in die Wurzeln, ob sie von Abel oder von Kain herkam, sah, wie oft sie schon auf ihrer Wanderung leibliche Gestalt angezogen und was sie in jedem einzelnen Leben verdorben, was verbessert hatte, in welche Sünde sie sich verwickelt, an welcher Tugend sie sich aufgerichtet hatte."
Mit der Zerstörung des Ostjudentums durch den Nationalsozialismus ging eine der wertvollsten spirituellen Strömungen der Menschheit weitgehend verloren und mit ihr auch ein großer Teil derjenigen jüdischen Tradition, die sich zur Reinkarnation bekannte.

Christentum

Wenn Paulus im Brief an die Galater (6,7) schreibt: „Täuscht euch nicht: Gott läßt keinen Spott mit sich treiben; was der Mensch sät, wird er ernten“, so könnte man meinen, das Neue Testament stünde ganz im Geiste der Reinkarnationslehre. Doch dies trifft nicht zu. Der Textkanon des Neuen Testaments, wie er seit dem sechsten Jahrhundert festliegt, enthält nur wenige Hinweise auf die Reinkarnationslehre. Doch belegt dies auch, daß Jesus diesen Gedanken nicht vertreten hat? Wohl kaum. Er selbst sagte seinen Jüngern, daß Johannes der Täufer die Reinkarnation des Elias sei. (Matth. 11,14) Und auch in seinem Umfeld muß die Reinkarnation eine denkbare Weltanschauung gewesen sein, sonst hätte man ihn nicht gefragt, ob im Fall des Blindgeborenen dieser (also in einem früheren Leben) oder seine Eltern gesündigt hätten. Auch viele christlich-gnostische Gruppierungen bekannten sich im ersten und zweiten Jahrhundert zur Wiederverkörperung, und es muß erlaubt sein zu fragen, ob nicht spätere sogenannte „Korrektoren“ der heiligen Schriften und frühen Überlieferungen „ganze Arbeit“ geleistet haben, um dogmatisch unliebsame Quellen zu beseitigen. Dies könnte vor allem ab dem sechsten Jahrhundert der Fall gewesen sein, als das

5. Konzil von Konstantinopel die Lehren des Origenes verurteilt hatte, des bedeutendsten frühchristlichen Kirchenvaters, der sich eindeutig zur Reinkarnationslehre bekannt hatte. In seinem Hauptwerk „Peri Archon“ hatte er geschrieben: „Wenn wir über die Seele des Esau nachforschen, so können wir feststellen, daß er wegen früherer Sünden zu einem tieferstehenden Leben verurteilt wurde.“
Doch die katholische Kirche distanzierte sich von solchen Anschauungen und lehnt bis in die Gegenwart die Reinkarnationslehre und den Karma-Gedanken kompromißlos ab. Auch in der evangelischen Kirche scheiterten Öffnungsversuche liberaler Theologen, die sich vor allem auf einen Dialog Kirche - Anthroposophie gerichtet hatten. Doch Steiners Christologie und vor allem sein Bekenntnis zur Reinkarnationslehre schienen unvereinbar mit dem kirchlichen Lehrgut.
Für jeden objektiven Betrachter bleibt in diesem Zusammenhang jedoch ein unlösbares Dilemma, wenn die Kirchenvertreter einerseits eine (möglicherweise falsch verstandene) christliche Gnadenlehre als „barmherziger“ charakterisieren als die „herzlose“ Reinkarnationslehre, dann aber ohne zu zögern an der „ewigen Verdammnis“ festhalten. Nicht zuletzt diese Unglaubwürdigkeit läßt immer mehr Menschen an der kirchlichen Dogmatik zweifeln. Wie kann ein zeitliches,

manchmal nur kurzes Erdenleben eine „ewige“ Strafe nach sich ziehen? Erscheint es da nicht viel „christlicher“ zu glauben, daß Gott seinen Kindern viele Möglichkeiten gibt, um geläutert zu ihm zurückzukehren?

Islam

In der religiösen Welt des Islam spielt die Reinkarnationslehre keine Rolle. Weder der Koran noch die islamischen Schriften der späteren Jahrhunderte kennen die Idee wiederholter Erdenleben oder gar des Karma-Gedankens. Die wenigen Repräsentanten, die sich dazu bekennen, stellen verschwindende Randgruppen dar. Auch Versuche, eine esoterische Überlieferung der Reinkarnationslehre im frühen Islam nachzuweisen, endeten nicht übermäßig erfolgreich.
Allein bemerkenswert bleiben die Werke der großen mystischen Dichter in arabischer Sprache, dessen wohl bedeutendster, Dschelal ed-Din Rumi, einst ausrief:

Ich starb als Stein - und wurde Pflanze.
Ich starb als Pflanze - und wurde Tier.
Ich starb als Tier - und wurde Mensch.
Warum sollte ich also den Tod fürchten?
Bin ich durch das Sterben geringer geworden?
Einmal werde ich als Mensch sterben -
und als lichter Engel auferstehen.

KAPITEL 2

Die Reinkarnationslehre in der Philosophie

Die frühen Griechen

Das philosophische Denken der Menschheit hat zu allen Epochen und in den unterschiedlichsten Kulturkreisen immer wieder die Reinkarnationslehre erörtert. Auch das frühe Griechentum, die Wiege der abendländischen Kultur, machte dabei keine Ausnahme.

Bereits die Orphiker (um 800 v. Chr.) betrachteten die Seele als eine ursprünglich göttliche Wesenheit, die in die Materie hinabgestürzt war und erst nach zahlreichen Erdenwanderungen wieder den Weg zurück in ihre himmlische Heimat finden würde.

Unter den bedeutenden Philosophen und Mystikern, die vor Sokrates in Griechenland lehrten, gehören vor allem Empedokles und Pythagoras zu jenen, die klar die Reinkarnationslehre befürworteten. Es läßt sich auch rund 2500 Jahre nach dem Tod des Pythagoras nicht sicher dokumentieren, wie groß sein Einfluß auf das griechische und somit allgemein auf das abendländische Denken gewesen ist. Doch je länger sich die Forschung mit dieser geheimnisvollen Gestalt des sechsten vorchristlichen Jahrhunderts befaßt, desto größer wird der Respekt vor der ehrfurchtgebietenden Gestalt des alten Griechen. Er gilt als einer der Begründer des Reinkarnationsgedankens in der abendländischen Tradition.

Platon

Platon, auf dessen Schultern die abendländische Philosophie steht, sprach sich in mehreren Werken zustimmend zum Reinkarnationsgedanken aus. Dabei darf davon ausgegangen werden, daß er auch in diesem Fall die Tradition seines Lehrers Sokrates fortsetzte.
Interessant ist im Falle Platons, daß bei ihm der Gedanke der Freiheit schon stark in den Vordergrund tritt. Auch im Reinkarnationsmythos seines klassischen Werkes „Der Staat" betont er im Zusammenhang mit der Wiederverkörperung: „Die Schuld trägt der Wählende. Der Gott ist ohne Schuld." Dies wäre eine griechische Form der indischen Karma-Lehre. Die Lebensführung des einzelnen entscheidet über die Qualität seiner nächsten Verkörperung, die er sich somit selbst wählt.

Plotin

Die präzisesten Darlegungen zur Reinkarnationslehre finden sich in den „Enneaden" Plotins, einem der gewaltigsten Werke der Philosophie überhaupt. Der alexandrinische Philosoph (204 bis 270) gilt als der geniale Interpret der Philosophie Platons und als der Begründer des Neuplatonismus. Für ihn steht fest: „Die Seelen aber wechseln ihre Leiber und gehen in immer neue Gestalten ein.“ (Enn. III,2,4) Um das Schicksal im gegenwärtigen Leben zu verstehen, mußte man, so Plotins feste Überzeugung, die „Rechnung bis zu den früher gelebten Leben zurückverfolgen“ (Enn. III,3,4), denn dort lag die Antwort.

Plotin ist auch derjenige der griechischen Philosophen, der am klarsten den Karma-Gedanken in der Philosophie der Antike verankert hat. Er geht dabei sehr tiefsinnig auf die Verbindung von Freiheit und Notwendigkeit ein: „Wer ungerecht getötet habe, werde wieder getötet, gewiß für den Täter ein Unrecht, dem aber, dem es widerfährt, zu Recht, und zwar geschehe dies so, daß der, welchem es widerfahren soll, zusammengeführt wird mit einem, der geeignet ist, zu vollführen, was jenem zu erleiden bestimmt ist ... was er jetzt erleiden muß, hat er einst selbst verübt.“ (Enn. III,2,13)

Von entscheidender Bedeutung ist hier das doppelte Bekenntnis Plotins zur menschlichen Freiheit. Der Täter handelt aus freier Entscheidung, indem er ein Unrecht (Mord, Diebstahl usw.) begeht. Dem Opfer geschieht aber trotzdem kein Unrecht, es ist nicht Objekt der Willkür, die seine Freiheit beschneidet, sondern dem Opfer geschieht nach jenen Notwendigkeiten, die seine freie Entscheidung in einem früheren

Leben ausgelöst hat. Über dem ganzen Geschehen sah Plotin die „Ordnung des Alls" wachen. Das Ende dieses Prozesses aus Schuld und Leiden sah Plotin darin, daß sich die Menschen dem Guten (Gott) zuwandten und so den negativen Verlauf ihrer Lebenswanderungen umkehrten, bis sie letztlich wieder ins göttliche Licht zurückgekehrt waren.

Die Renaissance

Mit dem Niedergang der Antike und dem Ende des Griechentums versank auch das Wissen um die Reinkarnationslehre in der Dunkelheit der Zeiten. Es sollte mehr als ein Jahrtausend dauern, bis in der Spätrenaissance, im Zuge der Wiederentdeckung der griechischen Weisheit, das Wissen um die wiederholten Erdenleben wieder auftauchte. Einer der großen Freigeister, der sich mutig zu ihr bekannte, sollte für diese und andere Überzeugungen, die der kirchlichen Inquisition mißfielen, am 17. Februar des Jahres 1600 in Rom sein Leben lassen. Der Mann hieß Giordano Bruno.

Die Klassik

In der Epoche der Klassik, dem „deutschen Jahrhundert", greift der Gedanke der Reinkarnation dann erstmals wieder breiteren Raum in den gebildeten Schichten. Im Jahre 1780 veröffentlichte Lessing seine kleine Schrift über „Die Erziehung des Menschengeschlechts". Dort schrieb er: „Aber warum könnte jeder einzelne Mensch auch nicht mehr als einmal auf dieser Welt gewesen sein?" – „Warum sollte ich nicht so oft wiederkommen, als ich neue Kenntnisse, neue Fertigkeiten zu erlangen geschickt bin? Bringe ich auf einmal so viel weg, daß es der Mühe wiederzukommen etwa nicht lohnet?" Auch die beiden größten deutschen Dichter, Schiller und Goethe, ließen in ihren Werken unmißverständlich ihre Sympathie mit der Reinkarnationslehre anklingen. Schiller tat dies etwas poetischer, Goethe häufig philosophischer. In seinem Zyklus „An Laura" veröffentlichte Schiller das Gedicht „Das Geheimnis der Reminiszenz":

Waren unsre Wesen schon verflochten?
War es darum, daß die Herzen pochten?
Waren wir im Strahl erlosch'ner Sonnen,
In den Tagen lang verrauchter Wonnen,
Schon ins Eins zerronnen?
Ja, wir waren's – Innig mir verbunden
Warst du in Äonen, die verschwunden;
Meine Muse sah es auf der trüben
Tafel der Vergangenheit geschrieben:
Eins mit deinem Lieben.

Goethe äußerte sich in einem Brief an Wieland über seine Beziehung zu Charlotte von Stein, die er sich nur durch Reinkarnation erklären konnte: „Ich kann mir die Bedeutsamkeit - die Macht, die diese Frau über mich hat, anders nicht erklären als durch die Seelenwanderung. - Ja, wir waren einst Mann und Weib! - Nun wissen wir von uns - verhüllt, im Geisterduft. - Ich habe keinen Namen für uns - die Vergangenheit - die Zukunft - das All."
Als habe die deutsche Klassik, in Philosophie und Dichtung, eine Bahn gebrochen, läßt sich die Reinkarnationslehre von nun an immer wieder in den Werken großer Dichter, Denker und Weiser auffinden. Immer intensiver wird die Auseinandersetzung um die großen Fragen nach Freiheit, Gerechtigkeit, Vorbestimmung und Lebenssinn; und immer tiefschürfender werden auch die Antworten. Allmählich entsteht neben der theologischen Weltanschauung der christlichen Kirchen eine andere, freigeistige, die zwar dieselben Fragen stellt, aber andere Antworten gibt.

KAPITEL 3

Freiheit oder Bestimmung

Der Ursprung

Auch die großen Weisen der Menschheitsgeschichte haben auf die Fragen nach dem Ursprung nur mit einem Mythos oder einem Gleichnis geantwortet. Der Anfang menschlichen Lebens und der Ursprung der ewigen Weltgesetze entschließt sich dem unerleuchteten menschlichen Denken nur in Ahnungen. Vielleicht lag der Ursprung gar nicht auf dieser Erde, sondern in fernen geistigen Welten, an die nur noch diffuse Seelenbilder zu erinnern vermögen.

Für große Buddhisten, wie etwa für den Dalai Lama, ist das Zwillingsgesetz von Reinkarnation und Karma ewig. Niemals gab es eine Zeit, in der sie nicht zur Anwendung kamen. Aber gleich ewig ist auch die Liebe, und in der Polarität der beiden Kräfte vollzieht sich der Aufstieg des Lebens.

Karma ist nicht Fatum

Es wäre ein betrübliches Mißverständnis, würde man den Karma-Gedanken mit dem islamischen „Fatum" verwechseln. Karma ist nicht ein verhängnisvolles Schicksal, das eine unerkennbare Gottheit aus unerfindlichen Gründen über den Menschen verhängt. Es hat nichts zu tun mit

Schicksalsergebenheit und unerforschlichem göttlichen Ratschluß. Im Rahmen der Reinkarnationslehre bezeichnet Karma die Summe aller Taten eines Menschen, der guten sowohl wie der schlechten. Diese Taten bestimmen sein Schicksal - und somit bestimmt er selbst sein Schicksal! Der Mensch ist der Gestalter seines Daseins - und offensichtlich ist er später auch, wie die Erfahrungen an der Schwelle des Todes zeigen, sein eigener Richter. Einheitlich berichteten die Menschen, denen eine Nahtod-Erfahrung zuteil geworden war, sie hätten ihren „Lebensrückblick" als Beteiligte und als objektive Beobachter erfahren - und selbst ihr Urteil gesprochen. Das „Urteil" lautete stets: Veränderung zum Guten!

Freiheit zur Veränderung

Es wäre ebenfalls ein Irrtum, wie er auch manchen zeitgenössischen Autoren unterlaufen ist, wollte man die menschliche Willensfreiheit allein auf eine bloße Wahlfreiheit reduzieren. Der Mensch ist stets in der Lage, in seiner jeweiligen Situation Schritte zum Guten oder Schritte zum Schlechten zu unternehmen. Der Verfasser des „Abendländischen Totenbuches", K. O. Schmidt, drückte dies sehr treffend aus: „Keine Angst vor dem Karma! Was durch falsches Denken und

Handeln einst und heute ausgelöst wurde, kann durch rechtes, positives, liebevolles Denken und Handeln wiedergutgemacht werden.
Es gibt kein absolut unveränderliches Karma. Es ist, wie alles im Leben, ständigem Wandel unterworfen. Und es liegt immer bei uns, ob und wieweit dieser Wechsel zum Besseren führt."
Wenn menschliches Leben verantwortungsvoll geführt werden soll, dann kann dies nur dann der Fall sein, wenn die Verantwortung auch beim einzelnen liegt. Würde ein von Gott gesandtes Fatum dem Menschen sein Leben vorschreiben und ihm als unverrückbare Last aufbürden, könnte sich keine Entwicklung vollziehen. Auch der Sinn allen Daseins würde entwertet, denn wie sollte ein Wachstum in Freiheit vonstatten gehen, wenn doch alles von einer göttlichen Instanz vorbestimmt wäre?

KAPITEL 4

Reinkarnation und Evolution

Weltennächte und Weltentage

Die hermetische Philosophie und die moderne Physik haben nur wenig gemeinsam, in einem Punkt jedoch berühren sie sich: Beide gehen von ungeheuer großen Zeiträumen aus, in denen sich die Entwicklung des Lebens und der Lebensformen vollzieht. Schon die alten Inder kannten die Vorstellung von großen „Weltentagen", denen dann ebenso lange „Weltennächte" folgten. Manches ähnelt in ihren Vorstellungen dem modernen Mythos vom „Big Bang", nach dem sich alles Leben nach einem großen Urknall entfaltet haben soll. Vor einer solchen seltsamen Vorstellung hätten die alten Weisen sicher zurückgeschreckt, denn in diesem Konzept würden sie die ordnende Hand des großen „Baumeisters der Welten" vermissen. Sie glaubten an große Evolutionsperioden, in denen das Leben durch Reinkarnation zur Reife einer Stufe gelangte, um dann weiterzuschreiten zum nächsten Lebensplan.

Vom Stein zum Engel

Die poetischen Gedanken des großen persischen Dichters Rumi fanden schon Erwähnung, in denen er über den unendlichen Aufstieg des Lebens nachsann. Auch der deutsche Dichter

Arno Holz neigte zu ähnlichen Gedanken, als er schrieb: „Sieben Billionen Jahre vor meiner Geburt war ich eine Schwertlilie. Meine Wurzeln saugten sich suchend um einen Stein." Was das poetische Lebensgefühl hier zum Ausdruck bringen will, ist nichts anderes als die Empfindung, daß im Bewußtsein Erfahrungen aufgespeichert liegen, die in eine unfaßbar lang zurückliegende Vergangenheit zurückreichen.
Am Anfang stand vielleicht ein göttlicher Same, ein Lichtfunken, der alle Entfaltungsmöglichkeiten seines Ursprungs in sich trug, und sich dann auf einen Weg begab, der ihn einmal zu den Höhen eines Logos oder Planetengeistes führen wird, von dem er auf der Ebene des Menschen genausoviel Kenntnis besitzt wie von seinem Ursprung. Das Licht leuchtet hell nur in der Gegenwart, Anfang und Ende verlieren sich im Dunkel der Zeiten.

Der ständige Aufstieg

Reinkarnation ist nicht eine ständige Wiederkehr des gleichen, wie es in einer etwas seltsamen Verdrehung Nietzsche geglaubt haben mag. Reinkarnation ist nicht, wie schon kurz angedeutet, ein „immer wieder", sondern sie ist ein Reifeprozeß des „immer weiter". Rudolf Steiner, der Begründer der Anthroposophie, hat diese in seinem Werk „Wiederverkörperung und Karma" sehr treffend dargelegt: „Die Erlebnisse des Menschen stehen in der physischen Welt im allgemeinen auf einer um so höheren Stufe, je öfter er sich verkörpert hat oder je größer seine Anstrengungen innerhalb seiner früheren Verkörperungen gewesen sind. Dadurch wird die Pilgerfahrt durch die Verkörperung hindurch eine Aufwärtsentwicklung sein. Immer reicher wird der Schatz, der Schatz, den seine Erfahrungen in seinem Geiste ansammeln. Und damit tritt er immer reifer seiner Umwelt, seinem Schicksal entgegen. Das macht ihn immer mehr zum Herrn des Schicksals." Damit ist eindeutig die Richtung vorgegeben und noch einmal allen Vorstellungen von Vorbestimmung oder Fatum eine Absage erteilt worden. Der Mensch wird, je klarer er die weisen Gesetze des Lebens erkennt, immer mehr zum „Herrn seines Schicksals".

Vom Neandertaler zu Albert Einstein

Im 20. Jahrhundert wurde immer wieder der Versuch unternommen, Theologie und Biologie miteinander auszusöhnen. Ein Mann wie der berühmte französische Jesuit Teilhard de Chardin steht dafür exemplarisch. Der Gedanke war stets, daß der einzelne zwar die Erde im Tod verläßt, seine geistige Kraft jedoch der Gesamtevolution

der Erde erhalten bliebe. So könne es insgesamt zu einer „geistigen Evolution“ kommen – zum Weg von „Alpha“ nach „Omega“.
Diese Vorstellung rief zwangsläufig bestimmte Fragen hervor, etwa nach dem Sinn des Entwicklungsprozesses der Menschheit, von dem doch der einzelne offensichtlich wenig profitiere. Was nützte es dem mittelalterlichen Bauern, wenn im 20. Jahrhundert seine Nachfahren ihre Milchbewirtschaftung über den Computer abwickelten? Noch schwieriger wird es mit der Antwort auf die Frage, auf welche Weise denn die geistige Kraft des einzelnen die Evolution der Gattung Mensch befruchten solle, wenn dieser doch niemals wieder in den Prozeß eintreten könne. Stellte er seine menschliche Reifung, sei sie charakterlich oder handwerklich, gewissermaßen durch ein „Weltgedächtnis“ der Gesamtheit zur Verfügung?
Etwas ketzerisch stellt der Schriftsteller Hans Torwesten daher den Theologen die Frage, wie es mit dem jenseitigen Schicksal eines Neandertalers oder eines Thomas von Aquin aussehen würde, wenn diese am „Jüngsten Tage“ von den Toten auferweckt würden? Hier könne doch wohl kaum von Chancengleichheit gesprochen werden.
Der gesamte Prozeß der Evolution macht nur dann Sinn, wenn die Individuen nach einer Zeit in

einer geistigen Welt wieder in den Evolutionsprozeß eintreten und ihre bisher erworbenen Fähigkeiten erneut einbringen. So kann über die Jahrhunderte und Jahrtausende allmählich eine Reifung und Verbesserung des Ganzen eintreten.

Evolutionserinnerungen

Die moderne Parapsychologie hat bei Untersuchungen von Menschen, die bestimmte Rückerinnerungen an vormenschliche Lebensformen besaßen, faszinierende Erfahrungen sammeln können. So schilderten die betreffenden Personen, sie hätten bei einer Rückführung, in der Meditation oder während einer Heilbehandlung deutliche Erlebnisse in nichtmenschlichen Lebensformen gehabt. Untersuchungen brachten dann zutage, daß die Schilderungen, etwa über den Balztanz oder den Nestbau verschiedener Tierarten, bis in die Einzelheiten stimmten, ohne daß die Betreffenden sich je zuvor mit diesen zoologischen Spezialfragen befaßt hatten. Zwar wird es kaum möglich sein, das Empfinden eines Tieres, so wie es aus der Rückerinnerung geschildert wird, nachzuprüfen, doch belegen die Hinweise über das Verhalten in ihrer Präzision mit hoher Wahrscheinlichkeit ein Wissen, das dem Menschen auf „normalem" Weg kaum zugänglich gewesen wäre.

Sind viele Leben besser als eines?

Der kluge Voltaire sagte einmal, es sei nicht verwunderlicher, zweimal geboren zu sein als nur einmal. Diese Ermahnung könnte vielleicht an die Kritiker der Reinkarnationslehre weitergereicht werden, für die die Vorstellung mehrerer Erdenleben offensichtlich eine besonders schreckliche Vorstellung ist.
Der Grund für diese Einstellung mag verwundern. Sollte es der Wunsch nach einem paradiesischen Leben sein? Sollte es eine gewisse Lebensangst sein?
Alles im Leben vollzieht sich durch Reifung. Alle Reifung vollzieht sich in Zyklen. Auf die Blüte folgt einmal die Frucht, auf den Frühling folgt einmal der Winter. Und dann beginnt der Prozeß von vorne. Was sollte im menschlichen Leben daran verwundern, wenn es doch in der Natur jedem so völlig normal erscheint?
So wird es verständlich, wenn der Dalai Lama, befragt nach dem Sinn der Reinkarnation, einmal belustigt und schmunzelnd antwortete: „Es ist, wie wenn man fragen würde, welches der Zweck ist, daß das Gras wächst - oder so ungefähr." Der Sinn des Daseins besteht einzig und allein darin, geistig zu wachsen. Dazu bedarf es offensichtlich mehrerer Erdenleben.

Die große Verheißung

Wenn vielleicht auf die Frage nach dem „Warum“ keine wirklich erschöpfende Antwort zu geben ist, denn dazu müßte der Weltgeist sein eigenes Geheimnis enthüllen –, so erfährt doch die Frage nach dem „Wohin“ eine überaus befriedigende und beglückende Antwort. K. O. Schmidt faßte sie im zweiten Band seines „Abendländischen Totenbuches“ in inspirierenden Worten zusammen: „Die ganze Ewigkeit gehört uns, den Kindern des Alls, für die diese Erde nicht die Mutter, sondern nur die Amme ist.“ Der schöne blaue Planet Erde ist nur eine Durchgangsstufe auf der Reise, die im Licht des Schöpfungsmorgens begann und in die unendlichen Weiten des Himmelszeltes führt.

KAPITEL 5

Von der Erde zum Himmel – vom Himmel zur Erde

Der Tod

Das letzte Viertel des 20. Jahrhunderts erbrachte eine Fülle an Informationen über das Sterben und das Leben danach. Wenngleich die endgültigen Antworten über das „Jenseits" wohl jeder erst dann erhält, wenn er es betreten hat, so lassen sich doch gleichwohl bestimmte Strukturen bereits jetzt erkennen.
Im Augenblick des Todes ziehen sich die feinstofflichen Körper des Menschen (seine Seele) aus der nicht länger nutzbaren physischen Hülle zurück. Der Mensch „stirbt". Seine Seele wird dann durch einen leuchtenden Tunnel in eine geistige Welt gezogen, wo er in Form eines „Lebensfilmes" sein vergangenes Erdenleben überschauen und selbst bewerten kann. Dann wird ihn seine Charakterart in jene Sphäre ziehen, der er innerlich entspricht. Hier kommt das uralte geistige Gesetz zur Anwendung: Gleiches zieht Gleiches an. Eine strahlende Seele kann nicht in „höllischen" Bereichen landen.

Das Jenseits

Die Literatur über das Jenseits hat sich im vergangenen Jahrhundert auf geradezu unüberschaubare Weise vermehrt. Dabei ist sicher vieles Einfältige und Naive darunter, aber auch sehr ernsthafte Arbeiten von Parapsychologen, Sterbeforschern und großen Mystikern. Ihnen allen gemeinsam ist die Überzeugung, daß zum einen die jenseitigen Welten nicht radikal von der irdischen Sphäre abweichen und zum anderen ihre Beschaffenheit entscheidend vom Fühlen, Denken und Handeln des „Verstorbenen" abhängig sind.

Die bedeutende Sterbeforscherin Elisabeth Kübler-Ross hat dies in ihrem wegweisenden Werk „Über den Tod und das Leben danach" sehr treffend zusammengefaßt: „Jeder von uns muß etwas betrachten, das einer Fernsehmattscheibe sehr ähnlich sieht, auf der sich jede unserer irdischen Taten, Worten und Gedanken widerspiegeln. Hiermit wird uns Gelegenheit gegeben, selbst über uns anstelle eines gestrengen Gottes zu Gericht zu sitzen. Sie erschaffen sich schon durch Ihre diesseitige Lebensführung Ihre jenseitige Hölle oder Ihren jenseitigen Himmel." Diese Überzeugung wird auch von jenem Volk geteilt, das wie wohl kein anderes auf Erden sich der Sterbeforschung verschrieben hat – den Tibetern. Das „Tibetische Totenbuch" legt entscheidenden Wert darauf, die eigenen Gedanken zu läutern, um nach dem Ablegen des physischen Körpers in eine lichte Sphäre einzutreten.

Ein Wanderer durch den Sternkreis

Auch Rudolf Steiner hat sich intensiv mit dem Weg der Seele im Jenseits befaßt. Seiner Überzeugung nach wandert sie zuerst durch den Sternkreis und dehnt sich in ihrem Bewußtsein aus, bis der Zeitpunkt gekommen ist, sich wieder für eine neue Inkarnation vorzubereiten. Dann zieht sie sich wieder zusammen und sammelt in ihre Seele die gemachten Erfahrungen, um sie für die neue Erdenwanderschaft aufzubewahren. Die Seele nimmt diese geistige Errungenschaft mit sich in alle Inkarnationen, „wie eine Art Extrakt aus dem Lebens-Tableau, auch wenn er sich dessen nicht erinnern kann".

Der Mensch ist in seiner geistig-seelischen Struktur offensichtlich ein weitaus komplexeres Wesen, als bisher auch nur erahnt. In seine höheren Bestandteile webt er die Kräfte zahlloser Welten und Sphären ein, die dann in seinem Erdenleben zum Tragen kommen. Nichts geschieht dabei aus Zufall, sondern in allem waltet eine unermeßliche göttliche Weisheit.

Der Prozeß der Wiederverkörperung

Wenn der Zeitpunkt der neuen Geburt herannaht, wird die Geistseele zu einem entsprechenden Elternpaar hingezogen, das den geeigneten physischen Träger zur Verfügung stellen kann. Rudolf Steiner geht dabei von der Überzeugung aus, daß bereits vor einer physischen Befruchtung das herabsteigende Individuum die zukünftigen Eltern umgibt. Zusätzlich wacht geistige Wesenheit über den gesamten Vorgang, um die Gesetze des Karma zu beachten. So gestalten diese zusammen mit der sich wieder verkörpernden Wesenheit dessen physischen Körper und den Lebensplan für die kommende Inkarnation. Vor dem Eintritt in den Körper erhält die Seele dann eine Art Vorausschau über ihr kommendes Leben und die Aufgaben, die sie sich vorgenommen hat. Die Mystik der Chassidim spricht in diesem Zusammenhang vom „Engel der Geburt“ und vom „Engel des Todes“, die als Schutzengel ihren Schützling in das neue Erdenleben verabschieden und ihn am Ende desselben auch wieder in Empfang nehmen.

Die Empfängnis

In zahllosen Fällen berichteten Eltern, sie hätten ganz genau verspürt, in welchem Moment die herabsteigende Seele sich mit ihnen verbunden hätte. Vielfach waren es Augenblicke eines erweiterten Bewußtseins, da der Mensch in den Augenblicken von Geburt und Tod offensichtlich weitaus sensibler für die Erfahrung der großen

Mysterien des Lebens ist als in seinem alltäglichen Leben. Eine Mutter schilderte die Erfahrung während der Empfängnis mit den Worten: „Und in dem Moment, in dem wir ganz und gar verschmolzen, sah ich mein Söhnchen." In fast allen Fällen ließ sich später mit ziemlicher Sicherheit nachweisen, daß in der Tat in diesen ganz besonders empfundenen Momenten die Empfängnis stattgefunden hatte.

Die tiefer sehenden Mystiker schildern in ihren Werken dann in allen Einzelheiten, wie ein wundervoller neuer menschlicher Organismus geformt wird, nach göttlicher Weisheit und vollkommener Gerechtigkeit. Im Augenblick der Geburt tritt dann immer ein Engel ans Bett der Mutter, die einen neuen Körper für eine alte Seele zur Verfügung stellt.

KAPITEL 6

Wer war er? Berühmte Reinkarnationsfälle

Das Auserwähltheitssyndrom

Es gehört ganz sicher zu den beliebtesten Gesprächsthemen, wenn die Unterhaltung auf die Reinkarnation kommt, darüber zu spekulieren, wer die Reinkarnation von wem ist. Hinter mancher scherzhafter Bemerkung steckt dabei nicht selten ein erhebliches Maß an Eitelkeit und Geltungsbedürfnis. Für das Verständnis der Reinkarnation tragen diese spektakulären Fallbeispiele nicht mehr bei als die Rückerinnerungen des Normalbürgers. Wer zu den Großen in der Welt zählt, muß auf gar keinen Fall auch zu den Großen im Geiste zählen. Daher sollte man bei Aussagen über vergangene Erdenleben, sofern sie bedeutende geschichtliche Persönlichkeiten betreffen, größte Sorgfalt walten.

So wies Rudolf Steiner einmal eine sich ihm freudig-strahlend nähernde „Maria Magdalena" humorvoll, aber doch zugleich ernsthaft ermahnend mit dem Hinweis zurecht, sie sei mittlerweile die vierundzwanzigste Maria Magdalena, die ihm bisher begegnet sei. Diese Anekdote macht deutlich, wie leicht Wunschdenken und das bekannte „Auserwähltheitssyndrom" ins Spiel kommen.

Die „Karma-Betrachtungen" von Rudolf Steiner

Steiner selbst hat sich in einigen Fällen intensiv mit den Reinkarnationslinien bedeutender Persönlichkeiten befaßt. Dabei förderte er einige bemerkenswerte Konstellationen zutage. So zeigte sich ihm der berühmte Evolutionsbiologe Ernst Haeckel in einem früheren Leben als der Papst Gregor VII. und der große klassische Dichter Hölderlin als ehemaliger Angehöriger der platonischen Schule. Gerade im letzten Fall würde dies die große Liebe Hölderlins zu Griechenland erklären.

Auch Johann Wolfgang von Goethe sah Steiner in einer früheren Inkarnation als Künstler in der griechischen Antike. Friedrich Schiller dagegen starb, nach Steiners Forschungen, als einer der frühen Märtyrer der christlichen Kirche in Rom.

Besonders ausführlich befaßte sich Steiner mit dem Schicksal von Nietzsche, den er selbst noch auf dem Krankenbett kennengelernt hatte. Er identifizierte ihn in einem vergangenen Leben als asketischer Franziskaner, der seinen Körper extrem quälte und sich furchtbar kasteite. Diese Mißhandlung des „Instrumentes" Körper bildete die karmische Ursache für die spätere Erkrankung Nietzsches, indem sich die Seele früher aus dem Körper zurückzog.

Die Karma-Studien von Flower A. Newhouse

Auch die amerikanische Mystikerin Flower A. Newhouse richtete ihr Augenmerk auf die Inkarnationslinien einiger bedeutender Persönlichkeiten. So führte die Spur des großen Urwaldarztes Albert Schweitzer zurück in die Zeit Jesu, wo sie ihn als den Apostel Petrus wiederfand. Auch Franz von Assisi fand sie in der engeren Schar um Jesus von Nazareth, allerdings nicht als in der Bibel genannte Persönlichkeit.
Die römische Kultur bot einen Ausgangspunkt für einige der bedeutendsten Amerikaner, wenn Präsident Lincoln in einem früheren Erdenleben als Epiktet und der Präsident Roosevelt als der unselige Nero verkörpert waren.
Die beiden großen griechischen Philosophen Aristoteles und Sokrates sah sie später in einem Leben als Paulus, während Sokrates als Benjamin Franklin einer der Gründungsväter und entscheidenden Inspiratoren der amerikanischen Verfassung war. Wenn man näher auf die geschichtlichen Einzelheiten blickt, zeigen sich dabei äußerst interessante, beeindruckend sinnhafte Zusammenhänge, die aber einer gesonderten Beurteilung bedürften.

Wer war wer?

Unter dieser Überschrift veröffentlichte der amerikanische Reinkarnationsforscher David Bengtson eine ausführliche Studie zu Verkörperungen bedeutender Persönlichkeiten. Jahrzehntelang forschte Bengtson auf einer meditativen Ebene, um später seine Einsichten einer kritischen historischen Prüfung zu unterziehen. Dabei stellte er teilweise verblüffende Parallelen in den Lebensgeschichten seiner „Helden" fest. Vor allem fand er heraus, daß bestimmte Gruppen oder eine Kultur prägende Persönlichkeiten ganz offensichtlich als Gruppe reinkarnieren und wieder eine neue Kultur, Gesellschaft oder Nation prägen.

So schienen das klassische Griechenland und die deutsche Klassik eng verbunden zu sein. Die führenden Persönlichkeiten Roms tauchten als gestaltende Persönlichkeiten in England und in Amerika auf. So sah er Winston Churchill als den römischen Senator Cicero. Auch wenn alle diese Reinkarnationsforschungen mit einem gewissen Vorbehalt betrachtet werden sollten, beeindruckt doch die Fülle der Hinweise in die gleiche Richtung.

John Lennon

Eine der interessantesten Fallstudien Bengtsons betrifft den ermordeten Beatle John Lennon. Er verfolgte seine Spuren, die immer wieder eine rebellische, aufrüttelnde, sich dem Orthodoxen entgegenstellende Persönlichkeit zeigten. Am Anfang von Bengtsons Studie steht Jonathan, der Makkabäer, der als revolutionärer Führer den Freiheitskampf für Judäa führte. Im nächsten Leben taucht er als der machtgierige italienische Politiker Niccolo Machiavelli auf. Im folgenden Leben wird er der Begründer des englischen Radikalismus, John Wilkes, der einer der radikalsten Kritiker der englischen Krone war. Der englische Starschauspieler des neunzehnten Jahrhunderts, John Wilkes Booth, war eine weitere Lebensstation dieser Individualität, wobei allein schon die Namensgleichheit verblüfft. Booth galt als Lebemann und Frauenheld und war stark suchtgefährdet. Ein Zug, der dann bei John Lennon wiederauftreten sollte. Booth verfiel später in Wahnvorstellungen und erschoß Präsident Lincoln.

Nach nur wenigen Jahren in der Geisteswelt drängt es diesen unruhigen Geist wieder zur Inkarnation, und er sollte als Vladimir Ilych Lenin Weltgeschichte schreiben. Wieder taucht die Namensähnlichkeit (Lenin - Lennon) auf. Bengt-

son untersuchte dann auch das Umfeld der identifizierten Personen und stellte verblüffende Beziehungspunkte fest, die hier nicht im einzelnen dargelegt werden können.
John Lennon war zweifellos eine der faszinierendsten Gestalten des 20. Jahrhunderts, und sein Einfluß auf die Jugend und die Veränderung der Gesellschaftsstrukturen seit der Gründung der Beatles kann gar nicht hoch genug eingeschätzt werden. Über Jahrhunderte hatte er im Rampenlicht gestanden, und sein Charisma setzte sich auch als Beatle sofort wieder durch. Er konnte aber den karmischen Konsequenzen seiner Vergangenheit nicht entgehen, und so wurde der Mörder Abraham Lincolns am 8. Dezember 1980 selbst in New York das Opfer eines Mordanschlages. Der Weg dieser Individualität ist sicher noch nicht an ein Ende gekommen, und vielleicht werden spätere Generationen dieses Spur weiterverfolgen.

KAPITEL 7

Geschlechtswechsel

Allgemeine Bemerkungen

Eine weitere Frage, die in den Diskussionen über die Reinkarnationslehre immer wieder auftaucht, ist jene nach dem Wechsel des Geschlechtes. Verkörpern sich Frauen als Männer und Männer als Frauen wieder, oder bleibt das Geschlecht immer erhalten.

Diese Frage verliert etwas von ihrer Brisanz, wenn man berücksichtigt, daß offensichtlich die Geistseele nicht in der Form „männlich“ oder „weiblich“ ist, wie es sich auf der irdischen Ebene ausdrückt. Daher werden „im Himmel auch keine Ehen geschlossen“. Die Form des Geschlechts hängt daher entscheidend von der Erfahrung ab, die die betreffende Geistseele in der Verkörperung zu machen hat.

Rückführungsexperimente

Die Reinkarnationsforscherin Helen S. Wambach wollte herausfinden, ob bei Menschen, die sich einer Rückführungsbehandlung unterzogen, das Wunschdenken die Wahl des Geschlechts beeinflußte. So wertete sie statistisch alle Erfahrungsberichte aus, die ja im Normalfall eine Verteilung der Geschlechter von 50:50 ergeben müßten. In der Tat zeigte eine Statistik aller Rückführungsfälle eine Verteilung von 50,3% bei den Männern und 49,7% bei den Frauen, und dies, obwohl die Versuchspersonen zu 78% aus Frauen bestanden hatten. Das möglicherweise vorhandene Wunschdenken scheint also nicht die seelischen Erinnerungen zu überlagern.

Einmal Frau, immer Frau?

Die Darlegungen über die Beibehaltung des Geschlechts während der verschiedenen Reinkarnationen sind nicht einheitlich. Rudolf Steiner ging ursprünglich davon aus, daß sich das Geschlecht bei jeder Inkarnation verändert. Später korrigierte er seine Auffassung dahingehend, daß es Fälle gäbe, in denen bis zu siebenmal das gleiche Geschlecht beibehalten werden könne.
Steiner ist allerdings einer der wenigen Reinkarnationsforscher, der sich auf eine relativ strikte Linie festgelegt hat. Es darf bezweifelt werden, daß die Reinkarnation tatsächlich nach einem solchen starren Schema abläuft.

Einmal Mann, immer Mann?

Ein weiterer Reinkarnationsforscher, der sich fast sein ganzes Leben lang mit dieser Problematik befaßte, war der englische Theosoph Charles W. Leadbeater. Er kam nach jahrzehntelangem

Forschen zu der Einsicht, daß es zahllose Abweichungen von der „Regel" gäbe, die damit eigentlich nicht mehr als „Regel" gelten können. Am Anfang ging man „von der Allgemeinregel aus, daß der Mensch gewöhnlich nicht weniger als drei und nicht mehr als sieben Inkarnationen in einem Geschlecht durchlebt, bevor er in das andere übergeht. Obwohl die zahlreichen, seitdem unternommenen Forschungen diese allgemeine Regel in weitem Umfang bestätigten, zeigen sie gleichzeitig sehr viele Ausnahmen, denn einige Leute gingen durch eine lange Reihe von Inkarnationen in dem einen Geschlecht, während andere sich eine Zeitlang abwechselnd in einem weiblichen und einem männlichen Körper inkarnierten; doch waren die meisten von diesen Egos schon etwas über den Durchschnitt hinaus entwickelt und erfuhren daher wahrscheinlich eine ganz besondere Behandlung".

Es bliebe die Frage zu klären, ob bestimmte Inkarnationsfolgen möglicherweise auch durch kulturelle Gegebenheiten bestimmt werden. So könnte eine Gesellschaft, die eine extreme Unterdrückung von Frauen praktiziert, möglicherweise dadurch allmählich verändert werden, indem bestimmte Individuen von einem männlichen in einen weiblichen Körper innerhalb dieser Gesellschaft wechseln, um so selbst zu erleben, welche seelischen Auswirkungen diese Art von Unterdrückung mit sich bringt. Zukünftige Forschungen werden hier weiteres Licht bringen.

Die moderne Reinkarnationsforschung

Unter den Mystikern und Reinkarnationsforschern der Gegenwart herrscht weitgehend die Ansicht vor, der Mensch sei von seiner geistig-göttlichen Anlage her die Verkörperung eines bestimmten Poles, der zu seiner Vervollkommnung eines Gegenpoles bedürfe. So stellte der bedeutendste Reinkarnationforscher der Gegenwart, der Amerikaner Ian Stevenson, fest, daß nur in 5% aller Fälle, die er untersucht hatte, ein Fall von Geschlechtswechsel vorlag. Stevensons bahnbrechende Arbeit wird im Schlußkapitel noch gesondert gewürdigt werden.
Auch die Sterbeforscherin Elisabeth Kübler-Ross, die in ihrer Arbeit immer wieder auch mit Reinkarnationserfahrungen konfrontiert war, bestätigte Stevensons Ergebnisse. „Wer wiedergeboren wird, wird stets wieder in einem männlichen oder weiblichen Körper inkarniert."

Die Forschungen von Thorwald Dethlefsen

Die wohl umfangreichste Materialsammlung von Menschen, die sich einer Rückführung in frühere Leben unterzogen, befindet sich im Besitz des

Münchner Reinkarnationstherapeuten Dethlefsen. Er war nicht nur einer der Pioniere auf diesem Feld in Europa, sondern auch einer der ersten, der den Mut aufbrachte, die Zunft der Psychologen oder Psychotherapeuten offensiv mit den Ergebnissen seiner Arbeit zu konfrontieren. Aufgrund seiner jahrzehntelangen Forschungen gelangte er zu dem Ergebnis: „Nach Prüfung vieler Hypothesen sind wir zur Zeit der Meinung, daß eine Seele ein feststehendes Geschlecht besitzt und daß dazu eine gegengeschlechtliche Dualseele existiert. Die Mehrzahl aller Verkörperungen haben das Geschlecht, das die Seele von Anbeginn hat. Gegengeschlechtliche Inkarnationen werden nur hin und wieder dazwischengeschoben, um bestimmte Erfahrungen zu machen oder Karma einzulösen. Die Seele kommt häufig, aber nicht immer, mit ihrer Dualseele zusammen, da beide in ihrer Entwicklung voneinander abhängig sind."

Die Forschungen auf diesem Gebiet sind erst ein Jahrhundert alt, und sie mußten sich in ihren Anfängen gegen den entschiedenen Widerstand von kirchlichen und wissenschaftlichen Gegnern durchsetzen. Es wird erwartet, daß in einem neuen Jahrhundert, in dem ein freierer Geist herrscht. noch viele faszinierende Ergebnisse über die Verkörperungswege der Seele und das Geheimnis der Dualseelen ans Licht gebracht werden.

KAPITEL 8

Rückerinnerungen

Allgemeine Bemerkungen

Die seelischen Vorgänge, die sich bei den „Erinnerungen“ von früheren Leben auf das gegenwärtige Gehirn abspielen, sind in vielen Aspekten noch gänzlich unerforscht. Bisher erstrecken sich die Untersuchungen weitgehend auf leicht überprüfbare Fakten wie Daten, Namen, Orte, Jahreszahlen oder körperliche Merkmale. Hier genügt nicht einfach der Hinweis, dieses Wissen stamme aus dem „Unbewußten“.

Die Erfahrungen früherer Leben sind für die meisten Menschen deshalb so beeindruckend, weil sie vielfach mit Macht und völlig unerwartet aus einer anderen Dimension ins bis dahin so „normale“ Dasein einbrechen. Häufig treten sie nach schweren Erkrankungen oder sogar bei Nahtod-Erfahrungen auf. Es hat allerdings auch etliche Fälle gegeben, in denen Menschen durch derartig einschneidende Erlebnisse, vor allem wenn die Erinnerungen an die Vergangenheit dramatisch oder gar traumatisch waren, aus ihrer Lebensbahn geworfen wurden. Erfahrene Reinkarnationstherapeuten waren daher, daß nur seelisch gefestigte Menschen sich dieser Form der Rückschau unterziehen sollten.

Vielleicht wäre es sogar angemessen, der eigenen Seele die Wahl des richtigen Zeitpunktes zu

überlassen, zu dem sie der verkörperten Persönlichkeit die Bilder zeigen möchte, die sie vielleicht zum Verständnis ihres Schicksals in jenem Augenblick benötigt.
Das Wissen um vergangenes Geschehen ist dem Menschen nicht aus „Mißgunst der Götter" genommen worden, sondern der „Trank der Lethe", wie die Griechen es nannten, stellt ein Geschenk der himmlischen Weisheit dar. Wer wollte mit der ständig anwesenden Erinnerung von zwanzig Erdenleben durch das Leben schreiten? Zwanzig Persönlichkeiten, vierzig Eltern, zahllose Ehemänner bzw. Ehefrauen, ganz abgesehen von den Schwiegermüttern, und dazu die Verwandten. Eine eher schreckliche Vorstellung!
Eine gütige Vorsehung läßt die Seele vor der neuen Geburt vom „Wasser des Vergessens" trinken, und der Schleier wird nur dann von der Vergangenheit gehoben, wenn es für den Menschen wirklich sinnvoll und hilfreich ist. Dieses Gesetz sollte zum Wohl jedes einzelnen möglichst respektiert werden.

Reif sein für die Verantwortung

Aus Sicht der esoterischen Philosophie wird ein Gedanke eingebracht, der vielleicht nicht jedermann sofort nachvollziehbar ist, der aber eine außerordentlich wichtige Mahnung beinhaltet.

Eine Individualität sollte beachten, daß sie mit dem, was sie in ihr Bewußtsein holt, auch umgehen kann. Der Mensch trägt die Verantwortung für seine Vergangenheit. Aber wie viele Menschen haben bereits Schwierigkeiten, mit der Verantwortung in *diesem* Leben vernünftig umzugehen. Welche Probleme mögen sich erst zeigen, wenn noch die ferne Vergangenheit dazukommt? Die englische Schriftstellerin H. K. Challoner, die selbst einschneidende Erfahrungen aus vergangenen Inkarnationen durchlebte, führte in ihrem faszinierenden Werk „Das Rad der Wiedergeburt" dazu aus: „Wenn ‚Gestern' und ‚Heute' eng verknüpft werden, wirkt dieser Zustand wie ein Magnet, der gewisse Atome aus der Vergangenheit heranzieht; und diese bringen automatisch Schulden aus jener speziellen Vergangenheit ans Tageslicht, die Bezahlung fordern. Hier ist ein anderer Grund, warum den Menschen normalerweise nicht gestattet ist, ihre früheren Leben nach Belieben heraufzubeschwören. Es ist zu gefahrvoll, denn es kann leicht Karma auf sie herabziehen, wofür sie noch nicht stark genug sind, und es wäre unheilvoll, sich schon jetzt damit zu befassen." Eine Mahnung von einer Wissenden, die nicht leichtfertig in den Wind geschlagen werden sollte.

Das Phänomen der Rückerinnerung

Die Erlebnisse aus und die Erinnerungen an frühere Leben haben Menschen stets außerordentlich berührt. Vor allem das Phänomen, die gemachte Erfahrung am konkreten Ort oder mit dem betreffenden Menschen sofort überprüfen zu können, verleihen der Situation ihre einzigartige Dramatik. Die Beispiele auf diesem Feld sind so erdrückend, daß nur gänzliche Ignoranten daran vorbeigehen können.

Da sagen kleine Kinder zu ihren Müttern, die am Grab des verstorbenen Töchterchens weinen, sie sollten nicht mehr traurig sein, denn sie wären doch wieder zurück, und sie könnten sich noch genau erinnern, wie sie dort (ins Grab) hingelegt worden wären.

Da trifft eine ältere Engländerin in einem Dorf der im Libanon beheimateten Drusen, in dem sie vor langer Zeit einmal gelebt hat, einen kleinen Jungen, der ihr erzählt, er sei ihr früherer Liebhaber gewesen. Der Junge erinnert sich der intimsten Einzelheiten aus der Liebesbeziehung und beschreibt der völlig verblüfften älteren Dame sogar ein Muttermal, das an einer nicht einsichtigen Körperstelle liegt.

Gerade bei Kindern ist das Erinnerungsvermögen an die Vergangenheit noch stark ausgeprägt. So veröffentlichte die holländische Theologin Joanne

Klink ein eigenes Werk, das sich nur mit den verblüffenden und tief beeindruckenden Erfahrungen von Kinder befaßte und gab ihm den Namen „Früher, als ich groß war".
Die Mystiker der Vergangenheit und Gegenwart wußten stets um dieses Phänomen und beschrieben es dahingehend, daß Kinder bis zum siebten Lebensjahr noch mit ihren „Himmelsaugen" zu schauen vermögen. Später verbindet sich die Geistseele so eng mit dem Körper, daß die höheren Welten allmählich in die Ferne und in die Vergessenheit rücken.

Der Fall Jane Evans

Der englische Reinkarnationstherapeut Iverson war mit dem Fall einer Frau konfrontiert, die in seinen Aufzeichnungen als „Jane Evans" geführt wurde. Diese Frau erlebte sich in einer Rückschau als die Jüdin Rebekka, die bei einem Juden-Pogrom im Jahre 1190 im englischen York ums Leben kommt. Sie wurde in der Krypta einer kleinen Kirche ermordet, die sie auch ganz genau zu lokalisieren vermag. Man führt einen Ortstermin durch, findet die Kirche auch – aber diese besitzt keine Krypta. Enttäuscht und verunsichert reist Jane Evans wieder aus York ab. Sollten ihre Erlebnisse doch nur auf Einbildungen beruht haben? Durch eine zufällige Pressenotiz erfährt Jane Evans ein halbes Jahr später, daß ein Bauarbeiter bei Umbauten der Kirche auf eine Krypta gestoßen ist, die exakt ihrer Beschreibung entspricht.

Der kleine Tibeter

Ein interessanter Fall von Spracherinnerung spielte sich ebenfalls in England ab. Dort begann der kleine Robin Hull nicht nur mit dem üblichen Kindergeplapper in seiner Muttersprache, sondern redete mit seinen Eltern schon nach kurzer Zeit in einer Sprache, die diese gar nicht verstehen konnten. Ein hinzugezogener Fachmann stellte fest, daß das Kind flüssig Tibetisch sprach. Der Kleine konnte sich dann auch an seine frühere Inkarnation erinnern und beschrieb sein damaliges Kloster. Aufgrund der Angaben konnte man sich auf die Suche begeben und fand tatsächlich in den Kuenlun-Bergen die frühere Heimat des kleinen reinkarnierten Tibeters.

Die Fälle des Edgar Cayce

Edgar Cayce gilt als eines der berühmtesten Medien aller Zeiten. Er besaß die außergewöhnliche Fähigkeit, sich selbst nahezu übergangslos in eine tiefe Trance zu versetzen, in der er dann an ein anderes Bewußtsein angeschlossen war. Aus diesem heraus konnte er vielen kranken Menschen medizinische Ratschläge geben, die zu zahllosen, teilweise ans Wunderbare grenzenden Heilungen führten. Darüber hinaus stellten auch Zeit und Raum keine Hindernisse mehr für ihn dar, und er konnte die vergangenen Erdenleben der Menschen erschauen, die zu ihm kamen und seinen Rat erbaten. In der nach seinem Tod gegründeten Stiftung (ARE) liegt, neben den Forschungsergebnissen von Professor Ian Stevenson, das wohl umfangreichste Material überprüfter Reinkarnationsfälle des 20. Jahrhunderts. Es kann von jedermann, der Interesse an der Dokumentation der Fälle hat, eingesehen werden.

Überkreuzerinnerungen

Zu den bestechendsten und zugleich bewegendsten Beweisen der Reinkarnationslehre zählen die Fälle von Überkreuzerinnerungen. In diesem Fall treffen sich zwei gänzlich fremde Personen, die sich noch nie zuvor begegnet sind, und bestätigen einander die unabhängig vom Gegenüber erfahrene Erinnerung eines früheren Erdenlebens, in dem die wiedergetroffene Person eine wesentliche Rolle spielte. Der Reutlinger Sprachlehrer H. G. Scheffler berichtete dem Schriftsteller K. O. Schmidt einen dieser Fälle.

In einer Meditation findet sich Scheffler plötzlich als der Gärtner Duddeley in einem schottischen Schloß wieder. Man schreibt das Jahr 1587.
Viele Jahre später will Scheffler nach Breslau reisen, um einen Bekannten zu besuchen. Auf dem Weg zum Bahnhof überfällt ihn das Gefühl eines unmittelbar bevorstehenden außergewöhnlichen Ereignisses. An der Ecke der nächsten Querstraße prallt er plötzlich mit einem Mann zusammen. Man entschuldigt sich, will weitergehen, sieht sich kurz in die Augen, geht einige Schritte und bleibt dann stehen. Beide bleiben stehen, sehen zurück, gehen aufeinander zu und stellen sich vor. Beide bekennen, von einem Gefühl gespannter Erwartung erfüllt gewesen zu sein, beide meinen, einander „zu kennen“, obwohl sie sich noch nie gesehen haben. Scheffler und sein Gegenüber, ein Herr Dr. Thomas, begeben sich, noch ganz unter dem Banne des Erlebten, in ein Café. Man spricht über die Eigenartigkeit des Geschehens, berührt die Idee der Reinkarnation, und Dr. Thomas bekennt, ohne von Schefflers Erlebnissen zu wissen, Rückerinnerungen zu haben. Unter anderem erwähnt er die Erinnerung an ein Leben im Schottland des 16. Jahrhunderts, wie er Scheffler mitteilt. Er sei damals recht einsam gewesen, habe nur einen einzigen Freund gehabt, den Schloßgärtner.
Die Schlußpointe schildert Scheffler mit den

Worten: „Atemlos, mit wachsender Spannung hatte ich den Worten von Dr. Thomas gelauscht. Mit keinem Wort hatte ich noch etwas von meinem gleichartigen Erleben gesprochen. Jetzt aber konnte ich nicht mehr an mich halten. Ich unterbrach ihn und stellte die Zwischenfrage: ‚Erinnern Sie sich vielleicht noch, wie Ihr damaliger Freund hieß?' Darauf er: ‚O ja, ganz genau sogar; er hieß JAMES DUDDELEY!'"

Bande der Freundschaft gehen nicht verloren. Sie werden über Zeit und Raum hinweg geschlossen, und was in Liebe verbunden war, wird sich immer wiederfinden.

Die reinkarnierten Zwillinge

Albert de Rochas war einer der frühen Reinkarnationsforscher, der auch internationale Fälle in seinen Untersuchungen berücksichtigte. Einer der interessantesten davon war jener der Zwillinge Maung-Kan und Maung-Ngé. Beide riefen sich bei ihren Spielen nicht mit ihren normalen Namen, sondern nannten sich Maung-San-Nyein beziehungsweise Ma-Gyroin. Eigenartigerweise war der zweite Name ein Frauenname, bei den Zwillingen handelte es sich jedoch um Brüder.

Die Eltern der beiden Kinder erinnerten sich, von einem Fall zweier Kinder in einem Dorf namens

Okashitgon gehört zu haben. Beide kamen am selben Tag im selben Dorf zur Welt, heirateten einander später und starben an derselben Krankheit am selben Tag. Die Eltern wollten diesen Fall näher untersuchen und reisten mit ihren Kindern nach Okashitgon. Maung-Kan und Maung-Ngé erkannten in der Tat alle Einzelheiten der Straßen, Leute und Umgebung wieder und fanden sogar die alten Kleidungsstücke wieder, die sie in ihren früheren Leben getragen hatten. Der Jüngere der beiden erinnerte sich sogar daran, einer gewissen Ma-Thet zwei Rupien geliehen zu haben, die diese damals nicht vor seinem Tod zurückgezahlt hatte. Man fand die noch lebende Ma-Thet, die den Vorgang in der Tat bestätigen konnte.
Auch hier zeigt sich, daß eine enge Verbindung über die Schwelle des Todes hinaus aufrechterhalten wurde und später wieder zu einer Begegnung auf der Erde führte.

Der Fall Achmed

Der türkische Parapsychologe Prof. Bayer stieß bei seinen Untersuchungen auf den außergewöhnlichen Fall eines Jungen namens Achmed, der neun ungewöhnliche Narben an seinem Körper aufwies. Da er, gerade durch die Zusammenarbeit mit Prof. Stevenson, um die

Verbindung von Narben zu Schuß- oder Stichverletzungen im früheren Leben wußte, begann er eine großangelegte Suchaktion in den staatlichen Polizeiarchiven. Und er wurde tatsächlich fündig! Er stieß auf den Fall eines Mannes namens Mustapha, der fünfzehn Jahre zuvor durch neun Pistolenschüsse ermordet worden war.
Prof. Bayer erhielt die Erlaubnis zur Exhumierung - und als man das Skelett aus dem Sarg nahm, wies es genau an den neun Stellen Einschüsse auf, an denen die Wundmale Achmeds lagen!

Xenoglossie

Mit dem Ausdruck Xenoglossie bezeichnet die Parapsychologie Fälle, in denen Menschen plötzlich eine Sprache beherrschten, die sie nie zuvor gelernt und teilweise auch noch nie zuvor gehört hatten. Dieses Phänomen zählt zweifellos zu den beeindruckendsten Fällen von Rückerinnerung, denn die fremde Sprache kann kaum aus dem oft als letztes Erklärungshilfsmittel der Skeptiker bemühten „Unbewußten" stammen, denn wie sollte es jemals dort Eingang genommen haben. So sprach eine deutsche Sekretärin plötzlich übergangslos fließend Ägyptisch oder ein kleines Kind Althebräisch. Der englische Arzt Netherton traf auf eine Patientin, die von einem Augenblick auf den anderen in einen afrikanischen Dialekt verfiel. Alle Betroffenen versicherten glaubwürdig, nie zuvor mit der fremden Sprache in Kontakt gekommen zu sein.

Die kleine Blanche

Ein weiterer beeindruckender Fall von der Rückerinnerung an eine fremde Sprache stellt der Fall der kleinen Blanche dar. Als Töchterchen der Familie Battista wächst sie als Italienerin in Rom auf. Sie hat ein französisches Kindermädchen, von dem sie ein kleines französisches Kinderlied erlernt. Die kleine Blanche stirbt früh, und das Kindermädchen kehrt daraufhin nach Frankreich zurück.

Drei Jahre nach dem Tod ihrer kleinen Tochter wird Frau Battista wieder schwanger. Als sie sich im vierten Monat der Schwangerschaft befindet, erlebt sie einen Wachtraum, in dem die kleine Blanche ihr erscheint und ihre Rückkehr ankündigt. Trotz des erschütternden Erlebnisses bleibt die Familie Battista, vor allem der Vater, skeptisch. Man beschließt jedoch, das neugeborene Mädchen ebenfalls Blanche zu nennen. Nichts deutet in den ersten Jahren darauf hin, daß es sich um die Wiederverkörperung der ersten Tochter handelt.

Neun Jahre nach dem Tod von Blanche I vernehmen die Eltern jedoch aus dem Kinderzimmer plötzlich jenes kleine Kinderlied in französischer Sprache, das Blanche I von seinem damaligen Kindermädchen gelernt hatte. Verblüfft stürzen die Eltern ins Zimmer, um Blanche II zu fragen, woher sie denn das Lied kennt, das sie ihr nicht beigebracht hatten. Die kleine Blanche II erwiderte ihnen daraufhin ganz gelassen: „Niemand hat es mir beigebracht. Ich wußte es noch auswendig."

Ausblick

Die Fallbeispiele über Wiedererinnerungen haben sich in den letzten zwei Jahrzehnten gehäuft. Dies dürfte nicht damit zusammenhängen, daß es heute gewissermaßen mehr Reinkarnationen als früher gibt, sondern ausschließlich mit dem stark veränderten gesellschaftlichen Umfeld. So wie es früher ein absolutes Tabu war, über den Tod oder Nahtod-Erfahrungen zu sprechen, ehe durch die Bücher von Moody und Kübler-Ross dieses Tabu fiel, so galt es als völlig untragbar, über Reinkarnationserinnerungen öffentlich zu sprechen.
Die Betreffenden liefen ernsthaft Gefahr, für nicht mehr normal gehalten zu werden. Im schlimmsten Fall konnte es Isolation innerhalb einer Familiengemeinschaft nach sich ziehen oder den Verlust des Arbeitsplatzes.

Doch die Zeiten haben sich gewandelt. Die Reinkarnationslehre ist „gesellschaftsfähig" geworden. Es ist sogar fast zu einer gegenläufigen Bewegung gekommen, wo die Reinkarnationslehre durch ihre Befürworter in Verruf gebracht wird, die durch unsinnige, aus Größenwahn und Auserwähltheitssyndrom entstandene Behauptungen, die Reinkarnationen berühmter Persönlichkeiten zu sein, der Sache nur geschadet haben. Es wirkt wenig überzeugend, wenn die großen Philosophen oder bedeutenden Staatsmänner der Vergangenheit plötzlich kleine Angestellte der Stadtverwaltung sind. Damit soll keine Mißachtung des „kleinen Mannes" verbunden sein, nur der Hinweis, daß ein geistiges Potential, was sich über Jahrhunderte ausgebildet hat, im Rahmen der Evolution stets genutzt wird. Es wäre eine Verschwendung der Evolution, wenn Bach oder Beethoven als Leiter des Schulchores wiederverkörpert wären. Womit natürlich nichts über die großen Verdienste der vielen Chorleiter an den Schulen der Welt gesagt ist!

KAPITEL 9

Hat die Vererbungslehre recht?

Eltern und Kinder

Der große Gegensatz zwischen den Anhängern der Reinkarnationslehre und den Materialisten zeigt sich in der Frage der Vererbung. Ist der Mensch wirklich nur das Produkt des Zufalls und der Mischung der Gene? Hat er nur Pech gehabt, wenn ihm das Leben eine Erbkrankheit beschert hat?

Hier gibt die Reinkarnationslehre natürlich eine ganz andere, ganzheitlichere Antwort. Sie geht davon aus, daß hinter allem Leben eine weise Weltordnung waltet und die Vererbungs-gesetze, soweit sie überhaupt in allen Aspekten wirklich korrekt erkannt werden, nur der materielle Ausläufer einer höheren Gesetzmäßigkeit sind, die als KARMA zu bezeichnen ist. Daher läßt sich der Satz mit der Ähnlichkeit umdrehen; denn „man sieht seinen Eltern nicht ähnlich, weil man deren Kind ist, sondern weil man seinen Eltern ähnlich war, wurde man deren Kind"!

Die materialistischen Naturwissenschaftler sollten einmal überdenken, ob sie auf ihre „Wissenschaftlichkeit" und ihre großen Erkenntnisse eigentlich stolz sein dürfen, denn eigentlich ist es nicht ihr Verdienst, sondern nur eine glückliche Mischung der Gene. Auch der Verbrecher dürfte nicht mehr für seine Taten verantwortlich gemacht werden, denn auch er ist nur das Produkt von unglücklichen biologischen Faktoren. Diese Gedankenkette ließe sich fortsetzen; aber sie bleibt immer an der Sinnfrage hängen. Wenn keine Individualität wiederverkörpert und kein Karma-Gesetz gilt, bleibt am Ende nur noch die Willkür - oder ein materialistischer Humanismus.

Die Evolutionstheorie

Als einer der sachkundigsten Kritiker der Evolutionstheorie gilt Rudolf Steiner. Dabei kann man ihm nicht vorwerfen, die Forschungen etwa eines Ernst Haeckels nicht verstanden oder gewürdigt zu haben. Er ließ sie durchaus dort gelten, wo sie ihren Platz hatten. Aber nicht darüber hinaus! Besonders vehement wandte sich Steiner gegen jene Variante der Vererbungslehre, die die Erfahrung der einen Art mittels Erbinformation auf die nächste übergehen läßt. „Wer den Zusammenhang wirklich übersieht, wird kaum in der Lage sein zu sagen, daß soundso viele Insekten, weil sie gefunden haben, daß sie getötet werden, sich angewöhnt haben fortzufliegen, um nicht getötet zu werden. Um diese Erfahrungen an ihre Nachkommen weiterzugeben, hätten sie ja am Leben bleiben müssen." Er zeigte anhand solcher einleuchtender Beispiele auf, auf welchen tönernen Füßen die Vererbungstheorie und der ganze Darwinismus standen.

Das Genie

Das Auftauchen eines genialen Menschen kann als weiteres Indiz für die Fehlerhaftigkeit des Darwinismus gelten. Das Genie ist nicht das *Produkt* der Evolution, sondern die genetischen Voraussetzungen bieten ihm nur die Möglichkeit, zu einem bestimmten Zeitpunkt der Menschheitsgeschichte in Erscheinung zu treten. Die aus einer geistigen Welt herabsteigende Individualität findet in ihrer neuen physischen Hülle nur eine Art „Arbeitsgrundlage" vor, die es ihr ermöglicht, ihr geistiges Potential voll zur Entfaltung zu bringen. Auch in diesem Fall weist Rudolf Steiner auf einen Denkfehler hin. Denn wenn sich die persönlichen Begabungen vererben würden, so müßten sie am Anfang der Kette stehen und sich von diesem Ausgangspunkt auf die nachkommmenden Generationen vererben. Die Tatsache, daß sie aber am Ende stehen, legt Zeugnis für die Annahme ab, daß sie sich eben *nicht* vererben.
Die herabsteigende Seele sucht sich die zu ihr passende Körperform, entsprechend der karmischen Bedingungen, die für sie gelten. Das Augenmerk allein auf die physische Form zu richten, hieße, in einem Gleichnis ausgedrückt, im Straßenverkehr das Auto für alles verantwortlich zu machen, den Fahrer aber als nicht existent zu betrachten.

KAPITEL 10

Warum leidet der Mensch?

Die Überwindung des Bösen

Die große französische Mystikerin Simon Weil hat einmal in einer Meditation über „Das Böse" den Satz geschrieben: „Das Böse wird dadurch überwunden, daß es zum Leid wird." Sie wollte damit den einzelnen in die Verantwortung für sein Schicksal - und vielleicht auch das der Menschheit - stellen.
Die Frage nach dem Leiden wurde zu allen Zeiten gestellt. Der entscheidende Aspekt der Reinkarnationslehre besteht darin, dem Leid wieder jene Sinnhaftigkeit zu schenken, die ihm seitens der Theologen genommen wurde, als sie es mit dem „unerforschlichen göttlichen Ratschluß" oder, noch schlimmer, mit einer Art „göttlicher Vorherbestimmung" zu erklären versuchten. Der Sinn des Leidens liegt darin, Erfahrungen zu sammeln und eigene Schuld aus der Vergangenheit auszugleichen. Dies erahnte die feinfühlige Französin Simone Weil, als sie über das „Böse" meditierte, obwohl sie mit großer Wahrscheinlichkeit nicht von den Schriften der großen Hermetiker beeinflußt war.

Wird man für seine Sünden bestraft?

Zur entstellenden Kritik an der Karma-Lehre zählt die regelmäßig wiederholte These von der

Unbarmherzigkeit des strafenden Gottes. Dabei wird schlicht und ergreifend übersehen, daß es sich bei der Reinkarnationslehre entweder um ein Weltgesetz oder eine Illusion handelt. Trifft, wie hier angenommen wird, der erste Fall zu, so könnte man der göttlichen Vorsehung mit ähnlichem Recht vorhalten, die Schwerkraft eingerichtet zu haben, die dafür schuld ist, daß ein spielendes Kind aus dem Fenster stürzt und tödlich verunglückt. Die Gesetze sind so geschaffen, wie sie sind. Zudem wird von den Vertretern der Reinkarnationslehre immer wieder betont, daß es sich eher um einen „Ausgleich" vergangener Verfehlung als um eine „Bestrafung" handelt. Will man jedoch an der Straf-Idee festhalten, so müßte man bei der Karma-Lehre in Rechnung stellen, daß der Mensch „von" seinen Sünden bestraft wird, nicht „für" sie!
Es muß klar erkannt werden, daß Karma weder bestraft noch belohnt, seine Funktion besteht ausschließlich darin, die große Harmonie im göttlichen Lebensplan wiederherzustellen.

Muß Leiden sein?

Die Menschheit hat sich inzwischen damit abgefunden, daß das Leid zum Leben dazugehört. Es wäre aber zu fragen, gerade unter dem Gesichtspunkt der Karma-Lehre, ob Leiden wirk-

lich als Grundgesetz zur menschlichen Entwicklung dazugehört.
Charles Leadbeater lehnte es in seinen Werken ab, das Leiden gewissermaßen als Evolutionsgesetz zu begreifen. Für ihn stellte die Vorstellung, Leiden sei ein unverzichtbarer Aspekt der Entwicklung des Lebens, eine Entstellung der Idee eines liebenden Gottes dar. „Da wir aus Eigenwillen dem Gesetz entgegenarbeiten und dadurch anderen Leiden schaffen, so steht uns sicherlich kein Recht zu, das große Gesetz des Universums zu schmähen und zu behaupten, es selbst ordnete die Dinge in so schlechter Weise, daß ohne Leiden kein Fortschritt möglich sei. Als eine Tatsache gilt, daß wenn der Mensch nur will, er weit schneller Fortschritte machen kann, ohne daß er überhaupt leidet."
Damit soll nicht bestritten werden, daß das Leiden Menschen häufig Mittel zur Umkehr und zur geistigen Reifung gewesen ist; nur darf nicht so weit gegangen werden, das Leiden als Grundprinzip des Lebens zu erklären. Es stellt eher das letzte Mittel dar, mit dem der Allgeist verirrtes Bewußtsein wieder aus der Dunkelheit führt.

Die Weisheit des Weltgeistes

Auch die abendländische Tradition, die nicht wie der Osten mit der Reinkarnationslehre und dem

Karma-Gedanken gewachsen ist, hatte genügend Hinweise, um die göttliche Gerechtigkeit zu erkennen. Das Prinzip von Saat und Erde, die Aussage, wonach jener, der mit dem Schwert töte, mit dem Schwert umkommen werde, und der Hinweis, daß nicht das Haar vom Haupte eines Sperlings falle ohne den Willen Gottes, wären ausreichend gewesen, um zu erkennen, mit welcher Weisheit der Weltgeist regiert.

Die vielen Einzelheiten des esoterischen Schrifttums der Neuzeit belegen im Grunde nur diese Grundaussagen. Das sich reinkarnierende Individuum wird umgeben von Energiefeldern, in denen alle jene karmischen Elemente enthalten sind, die für die neue Erdenhülle benötigt werden. Der werdende Mensch steht im Mittelpunkt einer unglaublichen Fülle von Kraftströmen, die von ihm einst ausgingen und die jetzt zu ihm zurückkehren. In all diesem Geschehen spielen offensichtlich auch die Engel eine Rolle, die in ihrer großen Güte und Weisheit über dem Leben auf der Erde wachen. Auch hier erhielt die Menschheit in den letzten hundert Jahren ein großes Wissen über das Wirken der leuchtenden Scharen; und die Zukunft wird mit Sicherheit weitere Einsicht schenken, auf welche Weise die Engel auch über Reinkarnation und Karma wachen.

Karma und Liebe

Der schon erwähnte Amerikaner Edgar Cayce erhielt in seiner Versenkung vielfach Hinweise darauf, daß die Karma-Lehre vor allem einen pädagogischen Hintergrund besitzt – nämlich die Menschheit zu größerer Liebe zu führen. Die karmischen Lektionen eines Menschen sollen dazu dienen, seine Hartherzigkeit aufzuweichen und ihm den Weg zu einem liebevolleren Wesen zu öffnen. Es scheint unverkennbar zu sein, daß eine der entscheidenden Ursachen für ein schlechtes Karma Lieblosigkeit und fehlendes Mitgefühl ist.
Rudolf Steiner kleidete diese Einsicht einmal in eine klare Aussage: „Ein Mensch, der in einem Leben schlechte Neigungen und Eigenschaften entwickelt hat, wird im nächsten Leben mit einem ungesunden physischen Körper geboren." Hier kann ein Blick zurück erhellend sein, denn was hatte der Buddha vor zweieinhalb Jahrtausenden gelehrt? Exakt das gleiche!
Bei aller Betonung des Gerechtigkeitsgedankens sollte der Befürworter der Reinkarnations- und Karma-Lehre niemals aus den Augen verlieren, daß es die Liebe ist, die erlöst, niemals das intellektuelle Verstehen von Gesetzmäßigkeiten. Man kann alle heiligen Schriften der Welt gelesen haben, das gesamte esoterische Schrifttum der Menschheit zitieren können und zu allen heiligen

Plätzen gepilgert sein, wenn man trotzdem ein liebloser Mensch ist, so war die Mühe weitgehend umsonst.

Krankheit und Karma

Es hat sich als sehr problematisch erwiesen, Krankheit pauschal als „schlechtes Karma" zu bezeichnen. Die unendliche Weisheit des karmischen Gesetzes läßt hier höchste Vorsicht geboten sein, um nicht vorschnell ein falsches Urteil zu fällen. Es mag richtig sein, wenn im Einzelfall die Ursache für eine Krebserkrankung im Mißbrauch anderer Menschen durch schwarze Magie oder die Folter der Inquisition zu sehen ist. Es mag aber ebenso richtig sein, daß eine Seele sich diese Krankheit gewählt hat, um letzte Erfahrung zu sammeln, bevor das Tor zum Licht aufgeht. Menschliche Unreife mag allzu gern aus maßloser Überheblichkeit mit dem Finger zeigen und Leid als verdiente Sühne ehemaliger Schlechtigkeit anprangern. Doch dieses Verhalten entstellt den tiefen Sinn der Karma-Lehre leichtfertig. Zum einen werden fast immer diejenigen, die so mit dem Finger zeigen, keinerlei tieferen Einblick in die karmischen Gesetzmäßigkeiten besitzen; und zum anderen soll es ihnen vielfach nur als billige Ausreden dienen, um dem Leidenden nicht hilfreich zur Seite zu treten. Leider trifft man im Indien der Gegenwart vielfach diese entstellte Form des Karma-Glaubens an, was mit ein Grund für die enorme Verelendung dieses einst blühenden Kontinents sein mag. Wer Karma kommentiert, kennt seine Gründe nicht; wer sie kennt, kommentiert nicht! Karma kann freiwillig getragen werden; und das Leiden kann der letzte Schritt einer großen Seele auf dem Weg zur Befreiung sein.

Stellvertretendes Leiden

Es ist ein bemerkenswertes Phänomen, festzustellen, daß fast alle Religionen den Gedanken eines „stellvertretenden Leidens" kennen, selbst die nicht reinkarnatorisch denkenden wie etwa das Christentum. Dort spricht man vom „Sühneleiden". In jedem Fall handelt es sich um das freiwillige Aufnehmen von karmischer Schuld anderer. Die östliche Philosophie kennt dieses geheimnisvolle Geschehen unter der Bezeichnung „ein Meister verbrennt in seinem Körper das Karma seines Schülers". Dies meint, daß eine hochentwickelte Seele einem Schüler einen Teil von desssen karmischen Lasten abnimmt und selbst abträgt. Zu den bekanntesten Beispielen eines stellvertretenden „Sühneleidens" zählen die „Erkrankungen" eines Ramakrishna, einer Katharina von Emmerich oder eines Pater Pio. Aus Liebe zu ihren Mitbrüdern und Schwestern nahmen sie einen Teil von deren Leiden auf sich und vertrauten der Kraft Gottes, um ihre Aufgaben meistern zu können.

Der Sinn des Leidens

Wer mag ermessen, welche Geisteskraft die Menschheit schon eingesetzt hat, um das Mysterium des Leidens zu ergründen. Immer wieder steht der Mensch vor schweren Schicksalsschlägen, um sich die Frage zu stellen: Warum?
Hier soll gar nicht erst der Versuch einer billigen Antwort unternommen werden. Vieles, was dem Menschen an Schwerem und Leidvollem widerfährt, entschlüsselt sich nicht im Moment des Geschehens. Manches wird in seiner Weisheit erst am Ende eines Lebensweges deutlich, manches vielleicht erst jenseits der Todespforte. Doch wer sich einmal davon überzeugt hat, daß in bestimmten Fällen die weise Führung der „Engel des Schicksals" oder, wie es auch heißt, der „Hüter des Karma" wirksam war, der kann wissend darauf vertrauen, daß ihre gütige und gerechte Hand über allem Leben wacht. Mag manches Leid sich auch nicht in seiner Weisheit erkennbar zeigen, so ist diese dennoch vorhanden. Und vielleicht sollte der alte Sinnspruch nicht aus den Augen verloren werden, der da besagt: „Leid leitet!"

KAPITEL 11

Keine Mühe ist verloren

Gutes Karma

Einer der Grundirrtümer, der selbst jenen Menschen unterläuft, die die Reinkarnations- und Karma-Lehre befürworten, besteht darin, daß sie dem Wort „Karma" eine weitgehend negative Bewertung unterlegen. Aber von seinem Ursprung her bedeutet das Wort nichts anderes als „tun" oder „machen", und in seinem tieferen Sinn bezeichnet es das Gesetz von Ursache und Wirkung: Jede meiner Taten zeigt eine ganz bestimmte Auswirkung. Dies bezeichnet also ein Grundgesetz, das weder eine vorrangig negative noch eine vorrangig positive Prägung aufweist.

In der Regel wird in der Gesellschaft aber dann von „Karma" gesprochen, wenn etwas passiert, eine Krankheit eingetreten ist oder die Geschäfte schlecht gehen. Karma bekommt so eine unmittelbare Verbindung zu Unglück und Leid. Möglicherweise hängt dies damit zusammen, daß vielen Menschen die leidhaften oder schicksalhaften Geschehnisse länger im Gedächtnis bleiben. In diesem Zusammenhang wäre vielleicht auf Rüdiger Dahlkes sinnreiche Deutung des Wortes Schicksal hinzuweisen, das er mit „zum Heil gesandt" übersetzt („schick" und „sal", von „salus" = Heil). Auch hier liegt der Gedanke nahe, daß „Leid leitet"!

Es kann kein Zweifel bestehen, daß Karma für

ebenso viele positive wie negative Aspekte „verantwortlich" ist. Kein Genie hätte jemals die Welt betreten können, wenn seine Seele nicht über die Jahrtausende Erfahrungen gesammelt und aufbewahrt hätte. Ein Kopernikus, Mozart oder Goethe lassen sich überhaupt nicht erklären, außer man nimmt die Reinkarnationslehre zu Hilfe. Vielen der „großen Geister" war diese Lehre zudem bewußt oder zumindest sympathisch.

Begabungen

In der Reinkarnationslehre wird davon ausgegangen, daß alle Begabungen oder Talente Fähigkeiten darstellen, die bereits in früheren Erdenleben erworben beziehungsweise vorbereitet wurden. Es hat sich in vielen Fällen auch gezeigt, daß bestimmte Neigungen entscheidend das Leben prägten, etwa in der Berufswahl, im Erlernen einer Sprache, bei der Auswahl von Reisen oder der Sympathie für bestimmte Kulturen. Offensichtlich bewahrt die Seele einmal erworbenes Wissen sowie erarbeitete Fähigkeiten auf, um sie im erforderlichen Moment dem physischen Gehirn zugängig zu machen.
Ohne Reinkarnation ließe sich nur schwer verstehen, warum manche Menschen die eine Sprache mühelos erlernen, zu einer anderen überhaupt keinen Zugang finden. Warum der eine Mensch

sich im Land X „wie zu Hause“ fühlt, dem anderen es völlig fremd ist.

Gleiches zieht Gleiches an

Das Gesetz über die Anziehung von Gleichem ist keine Erfindung der modernen Physik, sondern eine uralte Weisheitslehre, die schon im alten Ägypten in Ehren stand. Menschen, Tiere oder auch Plätze ziehen sich an, wenn sie „auf der gleichen Wellenlänge“ liegen. Die volkstümlichen Redensarten treffen häufig eine alte Weisheit.
In der Gegenwart hat auch die moderne Sterbeforschung die Überzeugung gewonnen, daß die Seele in der jenseitigen Welt zu dem Platz hingezogen wird, der ihrer inneren Befindlichkeit und Natur entspricht. So kann es nicht verwundern, wenn auch in der Reinkarnationslehre davon ausgegangen wird, daß das Ähnlichkeitsgesetz die Wiederverkörperung bestimmt. Eine feine, reife Seele wird nicht zu einem groben, gewalttätigen Elternpaar gezogen, wenn nicht schwerwiegende Gründe dafür ausschlaggebend wären.

Was du säst, das wirst du ernten

Schon Buddha beschrieb in seinen Reden über die Wiedergeburt und das Karma das Gesetz von

Saat und Ernte. In der spirituellen Literatur der Gegenwart hat es die Engländerin Annie Besant in ihrem Werk „Die Uralte Weisheit" noch einmal treffend zusammengefaßt. „Ganz allgemein kann man sagen, die günstige oder ungünstige Natur der physischen Umgebung, in die wir geboren werden, hängt davon ab, ob unsere früheren Handlungen anderen Menschen Freude oder Leid gebracht haben. Was wir anderen physisch Gutes oder Schlechtes getan haben, wirkt sich in der Gunst oder Ungunst unserer physischen Umgebung im kommenden Leben aus. Haben wir andere körperlich glücklich gemacht, indem wir von unserem Reichtum oder unserer Zeit opferten und es uns Mühe kosten ließen, dann bringt uns das günstige irdische Verhältnisse, die zu physischem Wohlergehen führen. Haben wir hingegen auf der physischen Ebene viel Leid unter den Menschen verursacht, dann werden die karmischen Folgen elende physische Zustände sein, die zu körperlichem Leid führen. Diese Wirkung tritt ein, gleichgültig was unser Beweggrund gewesen sein mag." Das Zwillingsgesetz von Reinkarnation und Karma wirkt, so lautet die einheitliche Lehre, unfehlbar. Das sprichwörtliche Haar auf dem Haupte des Sperlings kann nicht gekrümmt werden, wenn es nicht mit dem göttlichen Gesetz, dem Karma, übereinstimmt.

Talent ist Verpflichtung

Talente und Begabungen sind, nach der Reinkarnationslehre, das Ergebnis von langen und beschwerlichen Bemühungen in früheren Erdenleben. Sind sie dann jedoch errungen, dürfen sie nicht als reine Selbstverständlichkeit angenommen werden. Jedes Talent und alle Begabungen sind gleichzeitig Verpflichtungen dem Gemeinwohl gegenüber. Die „Talente müssen vermehrt werden", um es biblisch auszudrücken. Wem viel gegeben wurde, der muß auch selbst viel geben. Die Nutzung von Fähigkeiten im Dienst an der Menschheit stellt unter Beweis, daß der Mensch im Verlaufe seiner Reinkarnationen gereift ist, seinen Egoismus überwunden und die Liebe zum Nächsten entwickelt hat.

KAPITEL 12

Die Ethik der Reinkarnationslehre

Die große Einheit

Der Dalai Lama antwortete einmal, auf sein großes Mitgefühl angesprochen, dies sei leicht zu erklären, empfände er doch alle Menschen als seine Schwestern und Brüder; denn in den zahllosen Inkarnationen, die er nach tibetischer Überzeugung schon gelebt habe, sei er bereits mit so vielen Lebewesen verbunden gewesen, daß es ihm leichtfalle, sie alle als geliebte Geschwister zu empfinden. Die Ethik der Reinkarnationslehre bedarf daher nicht ausdrücklich des Gebotes zur Nächstenliebe, da ein Mensch, der sich auf einer endlosen Wanderschaft durch die Welten empfindet, ein ganz anderes Gefühl für die Einheit des Lebens empfindet. Der große englische Weisheitslehrer Paul Brunton hat dies in einem Buch über das Karma sehr treffend beschrieben, wenn er ausführt, daß ein Mensch mit dieser Einsicht nicht dem Irrtum unterliegen wird, „auch nur eine einzige Person zu verletzen; ganz im Gegenteil, er wird darin einen starken Beweggrund sehen, ein altruistisches Verhalten an den Tag zu legen. Er ist sich der Tatsache bewußt, daß er sich letzten Endes selbst verletzt, wenn er andere verletzt; denn das unfehlbare Gesetz der Vergeltung bringt ihm entweder die Schmerzen oder aber den Segen zurück, welchen er anderen zuteil hat werden

lassen. Seine Sympathie mit allen Lebewesen, ob menschlicher oder nichtmenschlicher Natur, ist so total, daß er darauf bedacht ist, keinem von ihnen Leid zuzufügen; ganz im Gegenteil, er freut sich, ihr Wohlergehen zu verbessern. Diese Haltung entspringt einem Wissen um die Realität der zugrundeliegenden Einheit des Lebens".
Die Einsicht in die geistigen Gesetze des Lebens führen nicht zu einer nachlässigeren, sondern zu einer vertieften Lebensführung. Diese Aussage mag auch als Kriterium für jedermann dienen, um die geistige Reife eines Menschen oder eines Lehrers zu überprüfen. Wer noch nach dem eigenen Vorteil trachtet, hat wesentliche Aspekte der Reinkarnationslehre und der spirituellen Gesetze nicht verstanden.

Zukünftige Reinkarnationen

K. O. Schmidt, der Verfasser des „Abendländischen Totenbuches", weist in diesem Zusammenhang auch auf einen Blick in die Zukunft hin. Wer um die Gültigkeit der Reinkarnationslehre weiß, wird auch danach trachten, das Wohlbefinden der Gesamtheit im Auge zu behalten. Unabhängig von der ethischen Verpflichtung zur Achtung des Lebens ist ihm zudem bewußt, daß jedes Land seine neue Heimat sein kann. „Da wir, vorwärts blickend, nicht mit Sicherheit voraussehen können, in welchem Land und Volk wir im nächsten Dasein wiederverkörpert werden, werden wir danach streben, daß überall auf der Erde Verhältnisse geschaffen werden, wie wir sie bei unserer Wiederkehr anzutreffen wünschen." Im gegenteiligen Fall kann es geschehen, daß Menschen gerade in jenem Land oder unter jenen Menschen reinkarnieren, die sie in ihrem vorhergehenden Leben ausgebeutet oder mißachtet haben. Unter diesem Gesichtspunkt kommt der Reinkarnationslehre auch eine pädagogische Komponente zu, die allerdings für den in seinem Herzen ohnehin liebevollen Menschen ohne Belang ist.

Moral

In ethischer Hinsicht läßt sich nicht nach Rassen oder Kasten, Nationen oder Religionen unterscheiden. Mag die Reinkarnations- und Karma-Lehre auch in den verschiedenen Traditionen im Detail Unterschiede aufweisen, so sind doch die moralischen Aspekte unumstritten. Der bedeutende Religionswissenschaftler Helmuth von Glasenapp beschrieb dies schon vor fast fünfzig Jahren in einer frühen Arbeit über den Buddhismus mit zutreffenden Worten. „Es ist der große Vorteil der Reinkarnationstheorie, daß sie, als gedankliches Experiment verwendet, die der

rücksichtslosen und folgerichtigen Anwendung sittlicher Grundsätze entgegenstehenden Vorurteile beseitigt und nur die Forderungen der reinen Moral unbeschränkt gelten läßt. Für den Buddha gibt es daher keine Scheidung der Menschen nach Volkstum, Glauben und Kaste, sondern nur eine solche nach ihren moralischen Qualitäten."
Diese weltumspannende interreligiöse Dimension ist es, welche die Menschheit am Beginn eines neuen Jahrtausends so dringend benötigt. Wie viele kriegerische Konflikte wiesen einen religiösen Hintergrund auf. Wenn die häufig hinter den kriegstreibenden Gruppen stehenden Geistlichen nur einen Hauch des Verständnisses von der Reinkarnationslehre besäßen, würden sie die Waffen schweigen lassen. Doch bis dieser Tag kommt, dürfte noch viel Blut auf zahllosen Schlachtfeldern vergossen werden.

Reinkarnation und die Religion

Die religiösen Konflikte könnten zudem durch eine zweite Einsicht ihre Lebenskraft verlieren, nämlich durch die Einsicht, daß jener, der heute Christ ist, früher Buddhist war und morgen vielleicht Hindu sein wird. Wo läge also der Grund, den Andersgläubigen zu bekämpfen, wenn doch der Andersgläubige der eigene

Glaubensbruder des nächsten Erdenlebens sein wird. Bemerkenswerterweise brachten auch die Menschen mit Nahtod-Erfahrung von der Schwelle des Jenseits die Einsicht mit, daß die Menschheit die religiösen Konflikte überwinden müsse, um nach einer „Weltreligion" zu suchen. Aus einem erweiterten Bewußtsein stellen sich offensichtlich die religiösen Konflikte wie Streitigkeiten eines kindlichen Geistes dar. Für den Weltgeist stellen theologische Spitzfindigkeiten offensichtlich nur menschliche Unreife, nicht geistige Bildung dar.

Das Gesetz der Tat

Gelegentlich wird auch in der westlichen Welt, im Rahmen des immer stärker um sich greifenden Egoismus der Geldgesellschaft, in sogenannten „spirituellen" Kreisen der Satz laut, man müsse sich doch nicht in das Leben des anderen einmischen, schließlich sei es dessen Karma. Hier liegt ein falsches Verständnis von Reinkarnation und Karma vor. Zum einen ist Karma nicht Fatalismus, sondern lebendiges geistiges Wachstum, zum anderen ist jeder Mensch stets zur Hilfe aufgerufen, weiß er doch praktisch nie, welche karmischen Umstände walten.

Sehr treffend brachte dies die Theosophin Annie Besant auf den Punkt, als sie schrieb: „Man über-

lasse es ruhig dem Karma, für sich selbst zu sorgen, und fürchte sich nicht mehr, sich in das Karma einzumengen, als man sich fürchte, sich in das Gesetz der Schwerkraft einzumengen. Wenn er einem Freund helfen kann, soll er dies unbesorgt tun und sich darauf verlassen, daß, wenn er helfen kann, diese Hilfe eben im Karma seines Freundes liegt, und daß er in diesem Fall der glückliche Vollstrecker des Gesetzes ist."
Die Dynamik des Karma, dessen Gesamtgefüge in jedem Augenblick neu gebildet wird, läßt nicht zu, es als „unvermeidliches Geschick" oder „göttliche Strafe" mißzudeuten. Die Reinkarnationslehre zeigt deutlich, daß jeder Augenblick von Bedeutung ist. Das Jetzt ist das Ergebnis des Gestern und die Grundlage für das Morgen. Das Jetzt ist der einzige Moment, der ganz in der Hand des Menschen liegt und in dem er aus seiner Freiheit heraus sein eigenes Morgen gestaltet.

Karma und Gewaltlosigkeit

Im Rahmen der Diskussion über die Inhalte der Reinkarnationslehre spielt immer wieder die Frage eine Rolle, ob der Anhänger dieser Überzeugung zur Gewalt greifen dürfe. Hier sind die Positionen durchaus unterschiedlich, wenn man etwa die Position des Dalai Lama zum gewaltfreien Widerstand gegen die Chinesen berücksichtigt und jene von Paul Brunton, der ausführt: „Der Weise akzeptiert die mystische Doktrin der Gewaltlosigkeit aus verschiedenen philosophischen Gründen nicht. Sein praktischer Hintergrund ist jedoch darin zu sehen, daß er den, der Unrecht begeht, nicht in seinem Unrecht zu bestärken wünscht, daß er letzterem weder den Weg ebnen und ihn auf diese Art zum Bösen ermuntern möchte, noch dessen Partei zu ergreifen gedenkt. Eine lammfromme Unterwürfigkeit unter den Willen eines Angreifers veranlaßt den Aggressor zu der Meinung, daß sich seine Methoden bezahlt machen, während ein fest entschlossener Widerstand dessen moralisches Absinken drosselt, Zweifel aufkommen läßt und im Falle einer Bestrafung sogar als Quelle der Belohnung dient."

In der Bandbreite dieser beiden gegensätzlichen Positionen muß jeder einzelne selbst seinen Standort bestimmen. Es mag allerdings die Frage erlaubt sein, ob mit einer Position der Gewaltlosigkeit das Schicksal Europas nach 1933 so verlaufen wäre, wie es nach 1945 dann geschehen ist. Eine Gruppe polnischer Gandhi-Anhänger mußte jedenfalls ihren passiven Widerstand mit dem Leben bezahlen, als sie in der Nachfolge des großen Pazifisten in Warschau kollektiv den Hitler-Gruß verweigerten und daraufhin, dreihundert an der Zahl, darunter Mütter

und Kinder, von der SS gnadenlos an die Wand gestellt und erschossen wurden.
Die Reinkarnationslehre schenkt hier zwar Trost und die Karma-Lehre Verständnis, eine Ableitung politischen Handelns muß jedoch auch den Gedanken vom „Schutz des Lebens" beachten.
Auch unter dem Gesichtspunkt der Erfahrungen des Dritten Reiches mahnt die Amerikanerin Flower A. Newhouse diesbezüglich eine Unterscheidung der Lebenswege an: „Wer zum Pazifismus als einer universell auszuübenden Lehre aufruft, mißbraucht ein ethisches Gesetz, das nur für Mönche oder Asketen, die sich von der Welt losgesagt haben, Gültigkeit hat, und mißversteht einen mystischen Lehrsatz der Einheit, der nur auf die innere Erkenntnis zutrifft. Beim Mystiker ist der Pazifismus bewundernswert, aber völlig fehl am Platz beim Menschen, der in der Welt steht."
Letztlich liegt diese Entscheidung, die ja auch karmische Konsequenzen mit sich bringt, im Gewissen jedes einzelnen.

KAPITEL 13

Die Reinkarnationslehre und ihre gesellschaftliche Bedeutung

Ein Ausblick

Die Reinkarnationslehre und das Karma-Gesetz haben auch in den westlichen Gesellschaften im 20. Jahrhundert erheblich an Einfluß gewonnen. Es stellt sich die Frage, inwieweit sie auch das gesellschaftliche und politische Handeln des Menschen der modernen Industriegesellschaft zu beeinflussen vermögen. Sollte dies der Fall sein, und vielleicht liegt hier eine der Überlebenschancen der Menschheit, dann muß es in fast allen gesellschaftlichen Bereichen zu einer radikalen Kehrtwendung kommen. Nachfolgend soll anhand von zehn Punkten versucht werden darzulegen, auf welche Weise die breite Akzeptanz der Reinkarnationslehre die gesellschaftliche Wirklichkeit prägen und verändern könnte.

Ökologie

Es ist kaum vorstellbar, daß eine Menschheit, die in der Überzeugung lebt, in einigen Jahrhunderten erneut über diesen Planeten zu schreiten, eine derartige Zerstörung der Lebensbedingungen betriebe, wie es gegenwärtig geschieht.

Humanes Sterben

Eine Medizin, die nicht mehr per Gesetz verpflichtet wäre, mit allen Mitteln und mitleidlos Lebensfunktionen aufrechtzuerhalten, könnte dem Menschen zur Seite stehen, um ihn in Würde sterben zu lassen. Der Tod ist kein Ende, sondern die Geburt in ein neues Leben.

Abtreibung

Eine Gesellschaft, die gelernt hat, daß ein werdendes Leben nicht nur Angelegenheit der Mutter ist (wenngleich es ihre Gewissensentscheidung bleiben muß), sondern auch das Schicksal einer zurückkehrenden Wesenheit betrifft, würde die Abtreibungsfrage noch einmal von einem anderen Blickwinkel betrachten.

Krieg

Eine Welt, in der das Bewußtsein Einkehr hielte, daß der Feind im Osten oder der Feind im Westen einst der Bruder im Osten und die Schwester im Westen war oder sein wird, sollte leichter zu einer Ächtung des Krieges finden als eine Welt, in der dieses Bewußtsein fehlt.

Tierversuche

Eine Gesellschaft, die den göttlichen Geist in allem Leben erkennt, wird aufhören, in entwürdigender und qualvoller Weise das Leben von jüngeren Geist-Geschwistern aus dem Tierreich zu zerstören. Eine Welt, die alles Leben in der Reinkarnation und in der Evolution zu seiner geistigen Bestimmung begreift, wird eine franziskanische Moral entwickeln.

Menschliche Werte

Eine Industriegesellschaft, die nicht mehr dem Gott Mammon huldigen würde, weil sie erkannt hat, daß in der grenzenlosen Erfahrungswelt durch Reinkarnation andere Werte wichtiger sind, würde humaner und sozialer gestaltet werden.

Sinnfindung

Eine Kultur, die vom Wissen um die Unsterblichkeit des Lebens geprägt wird, vermag andere Antworten auf die große Frage nach dem Sinn zu geben als eine, deren höchster Wert der wirtschaftliche Erfolg ist.

Erziehung

Eine Pädagogik, die das Kind als Individualität mit einer langen Geschichte annimmt, wird neue Wege einschlagen, um dem zurückgekehrten Erdenbürger zu helfen, seinen vor der Geburt aufgestellten Lebensplan zu erfüllen.

Medien

Eine Gesellschaft, die wie nie zuvor dem Einfluß der Medien ausgesetzt ist, wird sich radikal verändern, wenn die Journalisten oder Moderatoren von einer Ethik erfüllt sind, die um die Verantwortung für die Zukunft weiß und von der Achtung vor einem höheren Lebensgebot erfüllt ist.

Religion

Religiöse Lehrer, die von der Überzeugung geleitet werden, daß die Geistseele durch zahllose Kulturen und Glaubenswelten wandert, werden sich nur noch der Wahrheitsfindung verpflichtet fühlen. Sie werden Toleranz walten lassen und den irrigen Gedanken fallenlassen, Seelen „retten“ zu müssen.

KAPITEL 14

Die Einwände der Kirche

Reinkarnation als Evolution

Die Einwände von seiten der großen Kirchen gegenüber der Reinkarnationslehre sind massiv, und sie sollten ernsthaft diskutiert werden. Der Haupteinwand leitet sich bereits daraus ab, daß die christlichen Kirchen davon ausgehen, daß jede Seele bei der Geburt des Menschen neu geschaffen wird. Die Reinkarnationslehre geht dagegen von einem endlos langen Wachstumsprozeß aus, in dem sich die Seele entwickeln und den Weg zurück zur göttlichen Quelle einschlagen kann.

Dieser Wachstumsprozeß kann auch nicht beschleunigt werden, denn wer käme, gleichnishaft gesprochen, auf die Idee, einem Lehrer vorzuschlagen, er möge doch, gewissermaßen aus Gnade, einen Drittkläßler in die Oberprima versetzen? Wenn man eine derartige Selbstverständlichkeit auf den großen Evolutionsprozeß anwendet, dann wird deutlich, daß Reifung ihre gesetzmäßige Zeit benötigt. Sie benötigt sogar viele Erdenleben!

Die ewige Verdammnis

Es fällt schwer, wenn man die Reinkarnationslehre bejaht, die Einwände der Kirchenkritiker ernst zu nehmen, wie „hartherzig" oder „gnadenlos" doch die Reinkarnations- und Karma-Lehre wäre, wenn man im gleichen Atemzug die Antwort der Kirchen auf die „letzten Fragen“ vernimmt. In nachdrücklichen Worten deutet Hans Torwesten dies in seinem Buch „Sind wir nur einmal auf Erden?“ an, das immerhin in dem der Kirche nahestehenden Herder-Verlag erschien. „Es grenzt manchmal schon an Sarkasmus, wenn sich manche christliche Autoren nach all diesen schönen Gefühlsregungen folgenden geistigen Salto Mor-tale leisten: Nachdem der Leser gerade durch die Betonung der christlichen Gnade, durch all die Hirten- und Schaferzählungen weich geworden ist – und hart gegen alle „gnadenlosen“ Reinkarnationsideen –, wird er ein paar Seiten weiter schon wieder für das Dogma einer ewigen Verdammnis hart gemacht: mit dem häufigen Kommentar, Sentimentalität sei hier völlig fehl am Platz, Gott sei eben nicht nur der gnadenhaft Liebende, sondern auch der Gerechte, und Recht müsse nun einmal gesprochen werden.“

Einem Christentum, das sich auf ein Gottesbild beruft, in dem das Erbsündendogma und die ewige Höllenstrafe wesentliche Züge dieses Gottes charakterisieren, erscheint nicht unbedingt legitimisiert, eine wie auch immer geartete Gnadenlehre als moralischer zu verkünden als die Reinkarnationslehre.

Reinkarnation und Freiheit

Reinkarnation steht in engem Zusammenhang mit Freiheit und Eigenverantwortung. Wer nur in der vertrauten Beziehung mit dem göttlichen Schöpfer seinen Weg geht, der wird sich nur schwer einem kirchlichen Dogma oder einer totalitären Gesellschaftsordnung unterwerfen. Der Verdacht liegt daher nahe, die Ablehnung der Reinkarnationslehre stehe im Zusammenhang mit der Aufrechterhaltung gewisser Machtstrukturen. Doch die Wahrheit wird den Menschen frei machen. Nicht die Absolution eines Priesters, Mullahs oder Brahmanen wird zum Heil führen, sondern die lehrende und leitende Beharrlichkeit des Karma, die die Gnade des Sich-Gott-in-Freiheit-Näherns offenbart, wird die Verwandlung aller Geschöpfe bewirken.
Thorwald Dethlefsen unternahm in seinem grundlegenden Buch „Schicksal als Chance“ ebenfalls einen Versuch, zwischen Karma und Gnade eine Brücke zu schlagen. „Manche wenden ein, daß das Prinzip der Gnade im Widerspruch zum harten Karma-Gesetz stehe, nach dem jede Schuld eingelöst werden müsse. Dieser Widerspruch zwischen Karma und Gnade besteht nur dem Schein nach, beide Prinzipien vereinigen sich wie alle Polaritäten in der Mitte und bedingen sich in Wirklichkeit gegenseitig. Gnade erfährt nur der,

der sie erbittet. Um sie zu erbitten, muß der Mensch seine Schuld anerkennen. Karma aber ist das Gesetz, das dafür sorgt, daß der Mensch irgendwann einmal soweit kommt, seine Fehler, seine Schuld zu erkennen. Deshalb kann Gnade nur durch das Karma wirksam werden. Karma zielt auf die Einsicht des Menschen, stellt sich diese ein, ist er reif für die Gnade."
Diese Form der Gnadenlehre könnte auch die liebevolle Zuwendung höherer Wesen, wie etwa der Schutzengel, mit einbeziehen, deren Segen dem Menschen neue Wege aufzeigt, ohne seine Freiheit zu beschneiden. Diese Liebe setzt das Karma nicht außer Kraft, aber sie ist reines Geschenk, das niemals persönlich zurückgezahlt werden kann und muß.

Karma und Gnade

Die Gnade hebt das Karma nicht auf, doch sie vermag es zu verwandeln. Darin liegt ein entscheidender Unterschied zur Lehre, es gäbe nur Gnade und gar kein Karma. Wer nämlich außerhalb der Liebe lebt, steht ganz und ausschließlich unter dem Gesetz.
Wenn man ein Bild wählen wollte, so könnte man den Strom der Göttlichen wie einen von Ewigkeit zu Ewigkeit herabstürzenden Wasserfall betrachten, die menschliche Seele dagegen als einen

Kelch. Der Gnadenstrom fließt unaufhörlich, ohne Ansehen der Person, er ergießt sich auf alles Leben in gleichmäßiger Güte und Herrlichkeit. Die Freiheit des Menschen besteht nun darin, den Kelch mit der Öffnung nach oben zu halten, um damit erfüllt zu werden vom göttlichen Gnaden- und Liebesstrom. Geschieht dies, so verwandelt die Gnade das Karma. Geschieht dies nicht, so muß der Mensch so lange unter dem Gesetz des Karma seinen Weg gehen, bis er zu der Einsicht erwacht, daß sein Heil darin liegt, den Kelch umzuwenden. Das Leid leitet auf dem Weg zu dieser Einsicht.
Da auch der Weltgeist die menschliche Freiheit achtet, vermag er offensichtlich alles zu bewerkstelligen, nur eines nicht – den Kelch zu drehen. Dies liegt allein in der Hand des Menschen!

Wann endet das Karma?

Wer sich intensiv mit der Reinkarnations- und Karma-Lehre auseinandergesetzt hat, wird irgendwann zu der Frage gelangen, wie der karmische Prozeß zu einem Ende geführt werden kann. Die Antwort darauf, die natürlich nur aus der Unvollkommenheit eines begrenzten menschlichen Bewußtseins kommen kann, vermag aus zwei Ebenen kommen.
Zum einen wird das Karma erlöst, indem der

Mensch sich für die göttliche Gnade öffnet. Aus dem Quell des unendlichen Gottesgeistes fließt das Wasser des Lebens und löst die Schatten der Vergangenheit. Das menschliche Wesen wird so erfüllt von Liebe, daß es mit diesen Lichtkräften alles das aufzulösen vermag, was es an Negativem über die Jahrtausende aufgebaut hat. Trotzdem wird dem Gesetz und der Gerechtigkeit damit Genüge getan, denn es bedarf der Umkehr des Menschen, um sich dem Göttlichen wieder zuzuwenden. Was sich einst aus Freiheit von Gott abwandte und unter das Karma-Gesetz fiel, muß sich in Freiheit wieder Gott zuwenden, um das Karma-Gesetz zu erfüllen und Karma durch Liebe zu verwandeln.

Zum zweiten wird Karma erlöst, indem der Mensch verzeiht. Wer seinem Schuldner aus tiefstem Herzen verzeiht, löst damit auch das Karma des anderen auf. Dies muß der tiefere Sinn des „Gebotes der Schuldvergebung" sein. Sühne wird überflüssig, wenn der Geschädigte dem „Sünder" vergibt, weil durch diesen Akt der Liebe das Gleichgewicht des Lebens wiederhergestellt ist. Liebe und Verzeihen sind die beiden großen Kräfte, die Schuld und Karma aufzulösen vermögen.

KAPITEL 15

Die Reinkarnationsbeweise des Ian Stevenson

Grundlegendes

Kein anderer Wissenschaftler der Welt kann auf eine längere Erfahruung in der Reinkarnationsforschung zurückblicken als der Amerikaner Ian Stevenson. Als Professor für Medizin an der Universität von Virginia hatte er, auch aufgrund der Hilfe zahlreicher Stiftungen, mehr als dreißig Jahre Gelegenheit, alle bedeutenden Phänomene im Zusammenhang mit Reinkarnation zu erforschen. Er ist daher die Autorität, die es am Ende eines Buches über Reinkarnation dahingehend zu befragen gilt, welche Beweise die Wissenschaft zugunsten der Reinkarnationslehre vorlegen kann.

Stevenson legte, gleichsam als Abschluß seines Lebenswerkes, eine mehr als zweitausend Seiten umfassende Dokumentation mit dem Titel „Reincarnation and Biology: A Contribution to the Etiology of Birthmarks and Birth Defects" vor, die in gekürzter Fassung unter dem Titel „Reinkarnationsbeweise" auch in deutscher Übersetzung erschien.

Hinter dem langen englischen Titel verbirgt sich der Hinweis, daß Stevenson zahllose Fälle untersuchte, in denen Kinder bestimmte Muttermale, Narben oder Körperzeichnungen aufwiesen und gleichzeitig Erinnerung an frühere Erdenleben bekundeten. In den meisten Fällen konnte Stevenson nachweisen, daß die Narben oder Muttermale auf körperliche Gewaltanwendung in der vorangegangenen Inkarnation zurückzuführen waren. Die spektakulärsten und beweiskräftigsten Fälle sollen nachfolgend dargestellt werden.

Der Fall Alan Gamble

Alan Gamble wurde am 5. Februar 1945 in Kanada geboren. Aufgrund eines Traumes und zweier Muttermale identifizierte man ihn als die Reinkarnation von Walter Wilson, einem nahen Verwandten, der unter unglücklichen Umständen mehrere Jahre vor Alans Geburt ums Leben gekommen war.
Walter Wilson war mit einem Freund zum Fischen unterwegs. Sie fuhren in der Nähe des Strandes herum, als der Freund am Ufer einen Nerz erblickte, den er schießen wollte. Er griff nach seinem Gewehr, das sich in einem kleinen, im Schlepptau befindlichen Boot befand. Unglücklicherweise entglitt ihm die Waffe, schlug mit dem Kolben auf die Planke und entlud sich. Die Schrotkugeln durchdrangen Walters linke Hand und flogen aus dem Handgelenk wieder hinaus. Die Verletzung blutete sofort sehr stark. Sein Freund legte ihm eine primitive Aderpresse an und kehrte sofort um, um die nächstgelegene

Stadt mit einem Krankenhaus zu erreichen. Leider waren seine medizinischen Kenntnisse nicht sehr ausgeprägt, und er wußte daher nicht, daß man eine Aderpresse von Zeit zu Zeit lockern mußte. Als er nach zehn Stunden mit dem schwerverletzten Walter Wilson endlich das Krankenhaus erreichte, hatte dieser bereits das Bewußtsein verloren. Die Ärzte amputierten noch die Hand und den Unterarm, konnten jedoch sein Leben nicht retten. Am 18. Februar verstarb Walter Wilson im Krankenhaus.
Walters Tod bedrückte den Freund sehr, zumal man ihn im Gerede der Leute in gewisser Weise für seinen Tod verantwortlich machte. Daher war er tief bewegt, als der kleine Alan Gamble zu sprechen begann und über seinen Tod als Walter Wilson in einer Weise berichtete, die ihn vollständig entlastete.
Alan sprach nicht nur über sein früheres Leben, er zeigte auch große Angst beim Anblick einer Patrone. Vor allem aber wies er zwei Muttermale auf seiner linken Hand und dem linken Handgelenk auf, die exakt der Einschußwunde auf der Hand von Walter Wilson entsprachen. Das größere Muttermal, das stärker hervortrat, lag auf der Oberseite des Handgelenks und stimmte genau mit der Austrittswunde bei Walter Wilson überein.

Der Fall Necip Ünlütaskiran

Necip Ünlütaskiran wurde 1951 in der Türkei geboren. Vor seiner Geburt träumte seine Mutter von einem ihr unbekannten Mann mit blutenden Wunden. Sie konnte diesen Traum zuerst überhaupt nicht einordnen, begann ihn aber zu verstehen, als sie nach der Geburt ihres Sohnes dessen sieben Muttermale sah.

Als Necip sechs Jahre alt war, begann er über sein letztes Erdenleben zu sprechen. Er behauptete, in einer etwa achtzig Kilometer entfernten Stadt gewohnt zu haben und sei erstochen worden. Eigenartigerweise habe er auch damals Necip geheißen. Dabei zeigte er auf seine Narben, um die Stichwunden anzudeuten.

Anfänglich schenkten die Eltern den Aussagen des Jungen keinen Glauben, aber als einige Jahre später der Vater seiner Mutter mit seiner neuen Frau zu Besuch kam, die in der Nähe seines früheren Aufenthaltsortes lebte, erkannte er diese plötzlich wieder, obwohl er sie nie zuvor gesehen hatte. Sie wiederum konnte sich an den Necip der früheren Inkarnation erinnern. Also nahm sein Großvater ihn mit in die Stadt seiner früheren Inkarnation, wo er zahlreiche Personen seiner früheren Familie wiedererkannte. Die eindrucksvollste Aussage betraf seine frühere Frau, die er, wie er angab, einmal ins Bein gestochen habe. In der

Tat bestätigte diese das Geschehen und zeigte einigen anwesenden Frauen die noch erkennbare Narbe.

Der erste Necip war ein streitsüchtiger Mensch gewesen und wurde im Verlauf einer handgreiflichen Auseinandersetzung bei einer Messerstecherei durch zahlreiche Stiche getötet. Er wurde in ein Krankenhaus gebracht, wo man seine Wunden protokollierte.

Aufgrund der Angaben des Krankenhauses konnte Stevenson die Narben mit den protokollierten Einstichen vergleichen (insgesamt waren sechs notiert) - und sie stimmten allesamt exakt überein!

Der Fall Necip Ünlütaskiran gilt in der modernen Reinkarnationsforschung als einer der am besten und sichersten dokumentierten Fälle überhaupt. Was immer über Reinkarnation gedacht werden mag, würde ein Richter in einem Indizienprozeß eine derart lückenlose Beweiskette vorliegen haben, am Urteilsspruch könnte es keinen Zweifel geben!

Der Fall H. A. Wijeratne

H. A. Wijeratne ist einer derjenigen Fälle, wo eine körperliche Mißbildung auftrat, die der Betroffene als „Strafe" für eine vergangene Schuld deutete. Wijeratne wurde 1947 in Sri

Lanka geboren. Bei der Geburt sah man, daß das Kind einen stark mißgebildeten rechten Brustkorb und rechten Arm aufwies.
Als das Kind zu sprechen begann, hörte seine Mutter eines Tages, wie das Kind zu sich selbst sprach und sagte, es sei mit einem defekten Arm geboren worden, weil es im früheren Leben seine damalige Frau ermordet hatte.
Es stellte sich heraus, daß Wijeratne die Wiedergeburt des jüngeren Bruders seines Vaters war, der selbst schon die Vermutung gehabt hatte, in seinem Sohn die Reinkarnation seines früheren Bruders vor sich zu haben.
Dies ist einer der wenigen Fälle, in den sich ein Kind an eine frühere Verkörperung erinnerte und die körperliche Mißbildung als unmittelbare (karmische!) Wirkung eines Fehlverhaltens in diesem Leben deutete.

Der Fall B. B. Saxena

B. B. Saxena wurde 1918 in Indien geboren. Bei der Geburt des Jungen stellten seine Eltern erstaunt die extrem helle Hautfarbe des Jungen fest. Zudem war sein Haar fast weiß. Am Hals trug er ein auffälliges Muttermal, das in seiner Form einer Einschußwunde glich.
Als der Junge im Alter zwischen zwei und drei Jahren zu sprechen begann, gab er an, Arthur

geheißen zu haben und ein „weißer" Soldat gewesen zu sein, der im „deutschen Krieg" gestorben wäre. Er machte zahlreiche weitere Angaben, die ihn als englischen Soldaten im Ersten Weltkrieg identifizierten. Diese Angaben allein hätten die Familie Saxena noch nicht verunsichert, aber das Kind begann dann ein „englisches" Verhalten an den Tag zu legen. Er marschierte auf und ab, gab Marschbefehle und spielte englische Spiele. Er wollte keine indische Nahrung zu sich nehmen, sondern verlangte Brot, Butter und Fleisch, obwohl die ganze Familie vegetarisch lebte. Für die Familie, die alles andere als englisch-freundlich war, stellte dieses Kind eine große Belastung dar, und auch mit den Jahren verloren sich einige „britische" Attitüden nicht. So weigerte sich das Kind, mit den Händen zu essen und verlangte ein Besteck. Stevenson fand später heraus, daß in der Stadt, in der Saxena geboren wurde, zur Zeit des Ersten Weltkrieges ein englisches Heerkontingent stationiert war. Es ist dies einer der Fälle, in dem ein Angehöriger der „herrschenden Klasse" in jenem Volk wiederverkörpert wurde, das zu beherrschen er sich legitimiert glaubte.

Der Fall Indika Ishwara

Indika Ishwara wurde zusammen mit seinem

Zwillingsbruder Kakshappa 1972 in Sri Lanka geboren. Im Alter von drei Jahren begannen die Zwillinge über Erinnerungen an ein früheres Leben zu sprechen. Während die Eltern eigenartigerweise Kakshappa auslachten, konnte sich Indika mit seinen präzisen Angaben Gehör verschaffen.

Er machte Aussagen über Ort und Familie, in der er gelebt hatte, und es kam das Leben eines Schuljungen zum Vorschein. Über einen Freund der Familie gelang es, den Angaben nachzugehen, zumal die genannte Stadt nur rund fünfundvierzig Kilometer vom Heimatort Indikas entfernt lag. Es zeigte sich, daß er die Reinkarnation eines Jungen namens Dharshana war, der nach einer kurzen Krankheit im Alter von knapp elf Jahren gestorben war.

Als der Vater von Dharshana von dem Fall hörte, besuchte er die mögliche Reinkarnation seines Sohnes und war überrascht, als das Kind präzise Details der Familie kannte und später auch etliche Familienangehörige identifizierte.

Stevenson listete insgesamt sechsunddreißig Aussagen des kleinen Indika über seine frühere Inkarnation auf, von der sich einunddreißig als absolut korrekt erwiesen.

Nur zwei waren unrichtig, die anderen blieben unbestätigt. Die „unrichtigen“ waren aber dergestalt, daß er angab, als Dharshana ein Fahrrad

besessen zu haben, was sich als Dreirad herausstellte. Wie sich zeigte, hatte er aber später auch das Fahrrad seines Vaters benutzt.
Die Detailkenntnisse aus seinem früheren Leben waren außerordentlich verblüffend. So sagte er seiner Familie, er habe am Nachbarhaus auf der Zementierung eines Abflußrohres seinen Namen und die Jahreszahl 1965 eingeritzt. Die ungläubige Familie begab sich auf die Suche und fand in der Tat an einem Nachbargebäude die beschriebene Einritzung, von der natürlich niemand auch nur die geringste Kenntnis besessen hatte.

Die Psychophore

Ian Stevenson wäre kein Wissenschaftler, würde er nicht nach einem Erklärungsmodell suchen, um diese Fälle von Reinkarnation mit einer stichhaltigen Erklärung zu versehen. Er wollte vermeiden, bestimmte Begriffe aus der hermetischen oder esoterischen Tradition zu verwenden, und wählte so den Ausdruck „Psychophore", was sich wörtlich als „Seelenträger" übersetzen ließe. Dieser nichtphysische „Körper" wirkte, nach Stevensons Überzeugung, als eine Art Schablone, die dem Embryo oder Fötus die „Erinnerung" an die Wunden oder Charakteristika des früheren Körpers aufprägte.
Stevenson bekannte freimütig, nicht zu wissen,

aus welcher Art „Materie" sich die Psychophore zusammensetzte, hegte aber keinen Zweifel daran, daß sie ein Träger von Bewußtsein war, der über die Fähigkeit verfügte, den neuen Körper zu prägen. Hier liegt natürlich die Verbindung zum „Astralkörper" der Mystiker nahe, der als feinstoffliche Form den Körper verläßt und ihn möglicherweise, bei einer schnellen Reinkarnation, bedingt durch einen gewaltsamen Tod, wieder mit den Eindrücken des früheren Körpers gestaltet. Doch auch hier werden weitere Forschungen neue, faszinierende Einzelheiten zutage fördern.
Einen der unglaublichsten Fälle von seelischer Prägung des physischen Körpers überliefert Stevenson selbst im Fall des Durga Jatav. Dieser Inder hatte eine Nahtod-Erfahrung, bei der er behauptete, irrtümlich bereits ins Totenreich gebracht worden zu sein. Er kämpfte mit aller Kraft, um den „Boten des Totenkönigs" zu entkommen, woraufhin diese ihm als letzte Lösung die Beine in Höhe des Knies abhackten. Als er endlich in der Geisteswelt zu seinem Recht kam und wieder „entlassen" wurde, verlangte er, daß man seine Beine wieder ersetzen sollte, was in gewisser Weise auch geschah.
Er erwachte wieder in seinem Krankenbett, in dem seine Familie seinen augenscheinlichen Tod miterlebt hatte. Das Unglaubliche an diesem Fall

war jedoch, daß seine Beine in Höhe der Knie nun narbenähnliche Linien aufwiesen, die stark an die Narben eines horizontal verlaufenden Messerschnitts erinnerten. Die durchgeführten Röntgenbilder der Knie zeigten jedoch keinerlei Anomalien!

Schlußgedanken

Die Arbeiten von Professor Ian Stevenson zählen zum Beeindruckendsten, was die wissenschaftliche Reinkarnationsforschung vorzulegen hat. Sie werden jeden überzeugen, der unvoreingenommen mit der Problematik der Reinkarnation umgeht. Trotzdem wird auch sein epochales Lebenswerk nicht von heute auf morgen die Menschheit von der Wahrheit der Reinkarnation überzeugen.

Vielleicht ist dies auch nicht erforderlich, denn wußte doch schon mancher Weise, daß die Wahrheit sich nicht dadurch durchsetzt, daß sie ihre Gegner überzeugt, sondern allein dadurch, daß diese mit der Zeit aussterben!

Empfehlenswerte Literatur

David Bengtson, Wer war wer, Grafing 1997
Annie Besant, Die Uralte Weisheit, Graz 1971
Emil Bock, Wiederholte Erdenleben, Stuttgart 1975
Paul Brunton, Karma - Kette von Ursache und Wirkung, Freiburg 1986
Thorwald Dethlefsen, Schicksal als Chance, München 1979
Christmas Humphreys, Karma und Wiedergeburt, München 1981
Geddes MacGregor, Reinkarnation und Karma im Christentum, Forstinning 1985
Peter Michel, Die Botschafter des Lichtes, Forstinning 1983
Ders., Der Anti-Weltkatechismus, Grafing 1995
K. O. Schmidt, Das Abendländische Totenbuch, München 1973
Rudolf Steiner, Esoterische Betrachtungen Karmischer Zusammenhänge, Dornach 1970
Ian Stevenson, Reinkarnationsbeweise, Grafing 1999
Hans Torwesten, Sind wir nur einmal auf Erden?, Freiburg 1983